Photo Story

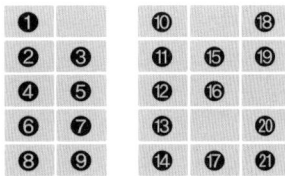

❶ Connie Talbot. YTN Seoul. 2015.
❷ Arnold Schwarzenegger. Tokyo Okura Hotel. 1994.
❸ Lobo. KBS Radio Show. 1995.
❹ Deep Purple. Press Conference. 1994.
❺ Steven Seagal. Shilla Hotel. 1996.
❻ Julio Iglesias. Seoul Concert M.C. 1996.
❼ John Denver. TV interview. Hilton Hotel. 1989.
❽ Bryan Adams. TV interview. Kimpo Airport. 1994.
❾ Brooke Shields. Seoul Olympic Show. 1988.
❿ Bruce Willis. KBS TV interview. 1994.
⓫ B.B. King. KBS TV interview. 1989.
⓬ Rita Coolidge. KBS FM. 1994.
⓭ Mamas & Papas. Sejong Art Hall. 1997.
⓮ LA Boys. MBC Radio Show. 1993.
⓯ Elite Super Model Show. 1995.
⓰ C.C.R. KBS FM guest. 1996.
⓱ Air Supply. KBS Radio guest. 1990.
⓲ Scott McKenzie. Radio Show. 1996.
⓳ Miss America Brooke Lee. 1997.
⓴ Scorpions. KBS FM Talk Show. 1997.
㉑ Stevie Wonder. Press Conference. Hilton Hotel. 1996.

곽영일의 유쾌한 Pops 뒤집기

2015년 11월 10일 1판 1쇄 인쇄
2015년 11월 17일 1판 1쇄 발행

지은이 | 곽영일

발행인 | 안현동
편집인 | 황민호
출판사업본부장 | 박종규
편집기획 | 성명신 이수현
마케팅본부장 | 김구회
마케팅 | 이상훈 김종국
국제판권 | 이주은 오선주
제작 | 심상운
디자인 | 리드컴퍼니
교열·교정 | 황규상

발행처 대원씨아이(주)
주소 서울특별시 용산구 한강로 3가 40-456
전화 (02)2071-2000 팩스 (02)749-2105
등록 제3-563호
등록일자 1992년 5월 11일
www.dwci.co.kr

© 2015 곽영일

ISBN 979-11-334-1029-3 13670

KOMICA 승인필

- 이 책은 대원씨아이(주)와 저작권자의 계약에 의해 출판된 것이므로, 무단 전재 및 유포, 공유, 복제를 금합니다.
- 이 책 내용의 전부 또는 일부를 이용하려면 반드시 저작권자와 대원씨아이(주)의 서면동의를 받아야 합니다.
- 잘못 만들어진 책은 판매처에서 교환해 드립니다.

Dr. Kwak's Novelty Song Talk Show
곽영일의 유쾌한 POPS 뒤집기

곽영일 지음
(KBS 라디오 D.J./ 고려대 응용언어학 박사)

추천의 글

언어는 '세계상(世界像)'이고 '사고의 집'이라 한다. 이를 가장 극명하게 보여주는 것이 팝송 가사이다. 노랫말에는 인간됨의 근본인 사랑, 기쁨, 분노, 즐거움 등의 모든 현상이 담겨 있다.

이 점을 간파한 저자는 국민 영어 강사답게 팝송에서 최상의 교육적 소재를 찾아 이를 실제에 잘 반영하고 있다. 이 책은 겸양 용법, 은유, 에둘러 말하기, 생략, 함축과 전제 기법 등을 잘 설명하고 있으며, 인간의 섬세한 감정과 문화의 이면을 명확히 시사함으로써 독자들이 영어라는 낯선 암벽에 아름다운 비너스상을 조각할 수 있는 기술을 갖추도록 도와준다.

팝송 가사는 일종의 시(詩)라고 할 수 있는데 문법과 단어 실력을 총동원하여 번역을 시도해도 가사에 담긴 깊은 뜻을 파악하기는 쉽지 않다.

저자가 오랫동안 천착한 novelty pop song(독특하고 해학적인 가사를 담은 팝송)은 노래가 탄생한 시대적 배경을 알지 못하면 제대로 된 번역을 할 수가 없다.

"The Sound Of Silence (by Simon & Garfunkel)"를 단순히 1967년 영화 〈졸업〉에 삽입된 OST로만 이해한다면 이 노래가 처음 만들어진 1964년 초의 시대 상황(John F. Kennedy 암살사건)에 따라 부조리를 파헤치고자 했던 원곡의 취지는 퇴색될 것이다.

"Greatest Love Of All (by Whitney Houston)"도 가창력이 뛰어난 diva의 히트곡으로 이해하기 쉽지만 원곡(by George Benson)이 무하마드 알리의 일대기를 그린 영화 〈The Greatest〉의 OST임을 알면 1960년대 미국의 흑백 인종 갈등 구조를 이해하는 계기가 될 것이다.

이렇듯 영어로 만들어진 노래 중에는 사전 지식(presupposed knowledge) 없인 이해하기 힘든 곡들이 부지기수이다.

본인은 고려대학교(대학원 응용언어문화학과)에서 저자의 박사 논문을 지도하면서 화행론(speech-act theory)에 근거한 구체적인 사실(concrete fact: 팝송 가사, 영화 대사)을 탐구한 저자의 논문을 매우 실용적인 논문으로 권장한 바 있다. 본인이 10년 가까이 지켜본 저자는 한 마디로 '생각나면 곧바로 실천에 옮기는 행동주의자'이다. 이미 해외에서 석사과정을 수학했으나 본 대학원에서 석·박사과정을 성실히 마치고 각고의 노력 끝에 영어 교육의 방법론에서 특출한 논문을 완성하였다.

이 책은 초보자에게는 흥미와 용기를, 중급 이상의 학습자들에게는 '유창한 영어 구사'를 위한 발판이 될 것이다. 본 도서에 포함된 효과적인 교수법은 저자의 오랜 현장 경험, 자료 수집, 엄청난 독서량에 기인한다. 이 책을 통하여 독자들은 '저자의 사고의 깊이'는 물론 '영어 표현의 새로운 맛과 깊은 향'을 느껴보길 바란다.

고려대학교 교수 안정오 (대학원 응용언어문화학과 / 독일 부퍼탈대학교 철학 박사)

'팝송을 많이 들으면 영어를 잘할 수 있나요?'라는 질문에 내 대답은 '그렇다 혹은 아니다'이다. 이 둘을 가르는 것은 바로 가사인데 이 분야의 전문가는 누가 뭐래도 '곽영일'이다. 이건 내가 진행하는 프로의 '수요 팝송 영어'를 함께해서 잘 안다.
이 책으로 팝과 영어라는 두 마리의 토끼를 잡으시고 '배철수의 음악캠프'에서 만납시다!

방송인 배철수

영어를 모국어로 사용하는 인구는 5억 미만이지만 공용어로 30억이 쓰고 있다. 지구촌은 영어로 하나가 되었다. 실용영어의 권위자이자 본교에 재직 중인 곽영일 박사의 명강의를 책으로 만나게 되어 기쁘다.

단국대학교 교수 송동섭 (경영학 박사 / 경영대학원장)

추천의 글

KBS 2FM 〈굿모닝 팝스〉 1대 진행자로 대한민국의 아침을 팝송 영어로 시작하고, 〈추억의 골든 팝스〉를 통해 뜨거웠던 청춘의 열정을 채워줬던 '라디오 팝스 잉글리시'의 전설 곽영일 박사. 30년 전설에도 (또다시) 새롭게 도전하는 그의 열정에 아낌없는 박수를 보낸다.

KBS 라디오 〈임백천의 7080〉의 프로듀서 이인숙 (전 제1라디오 국장)

우리는 흔히 영어를 '공부'한다고 한다. 많은 시간을 투자하지만 성과가 미미하다. 〈Good Morning Pops〉의 원조! 곽영일 박사와 함께 영어를 즐겁게 익힌다면 해결될 문제이다.

경희대학교 법대 교수 노동일 (KBS1 라디오 MC / Southwestern 대학교 법학 박사)

감수성과 문화는 국부의 중요한 요소이다. 글로벌 시대에 팝송 영어는 개인에게 소중한 인문학적 자산이다. 곽영일 박사는 learned person(배운 사람) 아닌 learning person(배우는 사람)이다. 그의 열정이 담긴 저서를 적극 추천한다.

올인코리아 대표 조영환 (하버드대, 예일대 석사 / 버클리 GTU 박사 수료)

곽 교수님은 이미 2014년에 우리 병원 특강을 통해 명불허전의 명강의를 선보였다. 그의 새로운 역작은 풍부한 경험, 박식함으로 인해 영어 회화 학습자들이 반드시 읽어야 할 책이라 믿어 의심치 않는다.

의학박사 이인희 (정형외과 전문의 / 일산 자애병원장)

팝송은 영어를 배우는 데 방해가 되는 불안감, 긴장, 자의식 등과 같은 심리적 장벽을 최소화할 수 있는 가장 탁월한 방법 중 하나이다. '팝송 영어'의 대명사 곽영일 박사의 저서를 적극 추천한다.

세종사이버대학교 교수 김현숙 (연세대 영문과 졸업 / UCLA 응용언어학 박사)

영어의 달인이 되는 비밀은 팝과 영화에 몰입하는 것이다. 또 하나는 국민 영어 강사 곽영일 박사의 매력에 빠지는 것이다.

전 경희사이버대학교 부총장 안병진 (미 New School 대학 정치학 박사)

팝송은 영어를 익히는 가장 좋은 수단이다. 20년 가까이 옆에서 지켜본바 곽영일 박사는 팝송으로 영어의 벽을 무너뜨리는 능력자임을 확신한다.

동덕여자대학교 경제과 교수 최병서 (서울대 졸업 / Columbia 대학교 경제학 박사)

제작 현장에서 직접 지켜본 곽영일 박사는 풍부한 팝송 지식과 살아 있는 영어를 결합시키는 '신바람 영어 전도사'이다. 팝송을 부르고 해석하는 과정 자체가 살아 있는 영어 학습이다.

KBS 라디오 PD 김창회 (한민족방송 팝스 프리덤 제작 / 연세대 행정학과 졸업)

KBS 〈굿모닝 팝스〉의 대명사 곽영일 선생님은 어린 시절 내가 닮고 싶은 멘토였다. 나 자신이 영어 MC가 되어 존경하는 선배님의 저술에 추천인이 된 것 자체가 Incredible & Unbelievable!!

영어 전문 MC 박나경 (한국외국어대 졸업 / 영어, 독어 복수전공)

수업 중 곽 교수님이 외국의 호텔에 직접 전화해서 function을 통해 예약하는 과정을 스피커폰으로 대화를 공개하는 것이 신선했다. "Not to be told, but to be seen!" 직접 행동으로 보여주는 수업이다.

의학박사 박경희 (전 세화소아청소년과의원장 / 2015 Kwak's English Camp)

곽 교수님으로부터 'hi-end polite English(고품격 공손한 영어)'를 배웠고 유용하게 쓴다. 'Born with a silver spoon'을 질문하자 바로 다음날 CCR의 "Fortunate Son"을 강의해서 무척 놀랐다. 곽 박사님의 명강의를 책으로 접할 수 있어서 기쁘다.

한양초등학교 교사 박진혜 (교직 15년 / 2015 Kwak's English Camp)

Novelty Pops에 대하여

팝송 영어 관련 책을 발간할 때마다 받는 질문은 한결같이 "팝송으로 영어 공부가 가능한가?"이다.

내 대답은 지난 29년간(1985년 방송 데뷔) 초지일관 "Absolutely!(그렇다)"이다. 멋모르고 팝에 심취해서 영어에 몰입하던 어린 시절이나 언어학을 전공한 학자의 길을 가는 지금까지 팝송이 영어 공부에 크게 도움이 된다는 데에는 확신을 갖고 있다. 다른 점이 있다면 젊은 날의 막연한 확신과, 이론적인 근거를 제시할 수 있는 현시점과의 차이라고나 할까? 팝송의 약 50%를 점하는 댄스 곡이나 발라드의 노래는 영어 발음 교정의 호재가 된다. 따라 부르는 것만으로도 단시일 내에 원어민의 발음을 따라 할 수 있다. 나머지 50%는 까다롭고 특이한 가사로 이뤄진 novelty song이다. 이 노블티 송에 등장하는 가사를 해석하는 것이 곧 고급 영어에 입문하는 과정이다. 혹자는 팝송의 가사와 시를 비교하며 은근히 시의 비교 우위를 주장하기도 한다.

그러나 외국어인 영어를 익히는 입장에서 보면, 지면 위의 시각적인 요소에만 의지하는 시에 비해서 오디오를 포함하며 꿈틀거리는 생명력을 발휘하는 팝송 가사가 훨씬 큰 비중으로 다가온다. 지면 위의 시는 두고두고 독자 입장에서 시에 담긴 의미를 음미할 수 있다. 하지만 통상 3~4분 내에 메시지를 듣는 이에게 전달해야 하는 가사는 그야말로 촌철살인의 묘미를 발휘해야 한다.(B H Seo 1987) 그리하여 노블티 송을 가사와 함께 이해하고 불러볼 수 있다면 그 자체만으로도 실용영어의 청취와 말하기 교재로서 더할 나위 없는 호재라고 하겠다. 팝송의 50%를 차지하는 노블티 송은 가사에 대한 완벽한 해석 없이 감상하기가 힘들다. 차라리 가사가 없는 클래식 음악을 듣는 편이 나을 것이다. 노블티 송 가운데는 파격적인 소재를 담고 있는 곡들이 많다. 단순히 문법, 단어 실력을 동원해서 번역해서는 도저히 의미를 파악할 수 없는 내용들이 있다. 전후의 내용이 생략된 맥락(context reduced)보다는 앞뒤의 상황을 충분히 고려한 문맥(context embedded)에 따른 해석을 해야 하는 것이다.

사실상 집필 초기에는 노블티 송 가운데 충격적인 내용들이 많아서 'Shocking Pops English'를 제목으로 삼을 생각도 했지만 좀 더 보편적인 독자층을 대상으로 하자는 의견을 따라 과감하게 팝 음악의 장르인 '노블티 팝스(Novelty Pops)'를 위주로 하되 타이틀은 친근감을 주기 위해 '유쾌한 Pops 뒤집기'로 했다.

또한 필자가 지난 30여 년간 방송에서 쌓은 영어 교육 노하우를 만학도의 집념으로 고려대학교에서 박사 논문(응용언어학/영어교육 전공)으로 완성한 것을 계기 삼아, 원고 집필에 있어서 한 자연인의 명예를 걸고 책임진다는 의미로 노랫말이 담고 있는 사회적, 문화적 배경을 가감없이 알리고자 했다. 나이 어린 청소년들이 직접 접했을 때는 다소 정서적으로 논란이 될 소지가 있을 것이다. 부모님과 선배 교사들의 세심한 지도가 필요하겠다.

이 책을 어학 공부에 활용하는 법

1. YouTube에서 노래를 찾아서 조회 수가 가장 많은 동영상을 가사 없이 감상한다.
2. 영어 가사를 전체적으로 훑어보며 노래의 내용을 파악해 본다. 모르는 단어나, 단어는 알아도 이해가 되지 않는 부분은 형광펜으로 표시를 해둔다.
3. 표현 연구를 통해 전체적인 내용을 파악한다.
4. Song facts를 읽어보고 노래의 주제와 독자 스스로 이해한 내용을 연결시킨다.
5. 내용 연구를 살펴보고 가사 속에 포함된 은유적인 뜻을 이해한다.
6. YouTube를 통해 이 노래의 다양한 버전을 감상한다.
7. 1주일을 주기로 하여 한 곡을 40회 정도 따라 부르면 약 3개월 뒤에는 본인의 발음이 크게 향상됨은 물론 청취력도 일취월장하게 된다. (필자는 이 습관을 1980년대 초 영어 강사를 처음 시작할 때부터 현재까지 계속하고 있다.)

2015년 6월
일산의 집필실에서

저자 곽영일

Novelty Pops가 주는 또 다른 선물 – 구어체 표현(colloquialism)

구어체 표현에는 관용어(idiom)와 속어(slang)도 포함되어 있다.

영문법과 단어 실력을 충분히 갖춰서 독해도 어지간히 하는 사람들이 말하기에 어려움을 겪는 이유는 무엇일까?

수능에서 고득점을 획득하고 공인 영어시험(토플, 토익)을 잘 치르고도 회화 실력은 제자리 걸음이다. 심지어 영어 학원에서 내외국인에게 몇 년씩 수업을 받거나 영어 연수를 해외로 갔다 와도 여전히 간단한 대화 수준을 벗어나지 못한다.
왜일까?

그 이유는 자명하다.
시험 볼 때 필요한 영어(formal English)와 생활에 필요한 일상영어(informal English, colloquial English, natural English)는 확연히 다르기 때문이다.

그는 나를 바람맞혔다.
- F He did not show up.
- C He stood me up.

남의 떡이 더 커 보인다.
- F Other people's cakes look bigger.
- C The grass is greener on the other side of the fence.

당신에게 반했어요.
- F I am fascinated by you.
- C You take my breath away.

이상에서 보듯이 억지로 영작한 문장과 실제 원어민들이 지금 현지에서 쓰고 있는 표현과는 괴리가 있다.

우리는 colloquial 학습을 한 적이 없기 때문에 원어민을 만나면 깊이 있고 세련된 대화를 듣지도, 말하지도 못한다.

"Alone Again (Naturally)"(1972)란 팝송 가사에 '그녀는 그를 바람맞혔다'는 문장이 나오는데, She stood him up.이라고 한다.

독일 밴드 Sweetbox는 "Life Is Cool"(2004)에서 다른 사람의 삶을 부러워하지 말라고 하며 The grass is greener on the other side.라고 한다. The New Christy Minstrels의 "Green, Green"(1963)에서도 To where the grass is greener still.이란 가사가 반복해서 나온다.

구어체 표현은 같은 노래 속에서도 여러 번 반복돼 나오고 일상에서 자주 들리고 말해진다. colloquial이 듣기, 말하기의 답이다. 응용언어학에서 다루는 학문적인 용어로는 간접화행(indirect speech act)이라고 한다.

Berlin의 "Take My Breath Away"(1986)는 아예 제목 자체가 구어체 표현이다.
반했기 때문에 숨이 멎는다고 한다. 다시 90년대 말로 와서 Sweetbox의 "Everything's Gonna Be Alright"(1997)를 들으면 Can you take my breath away?가 반복해서 나온다.
'내 숨을 멎게 해줄래요?'가 아니고 '나를 매료시켜주실래요?'이다.

단순한 댄스 곡이나 지극히 평이한 발라드 등은 구어체 표현 학습에 큰 효과가 없다.
colloquial이 적절히 삽입이 돼서 가사에 메시지를 담고 있는 노블티 팝스(Novelty Pops)가 정답이다. 전체 팝송의 40% 이상을 차지한다. 적지 않은 비율이다.
노블티 팝스의 가사를 완전히 이해하고 즐겁게 따라 부르는 과정이 올바른 영어회화 학습 방식이다.

이 책의 구성에 대하여

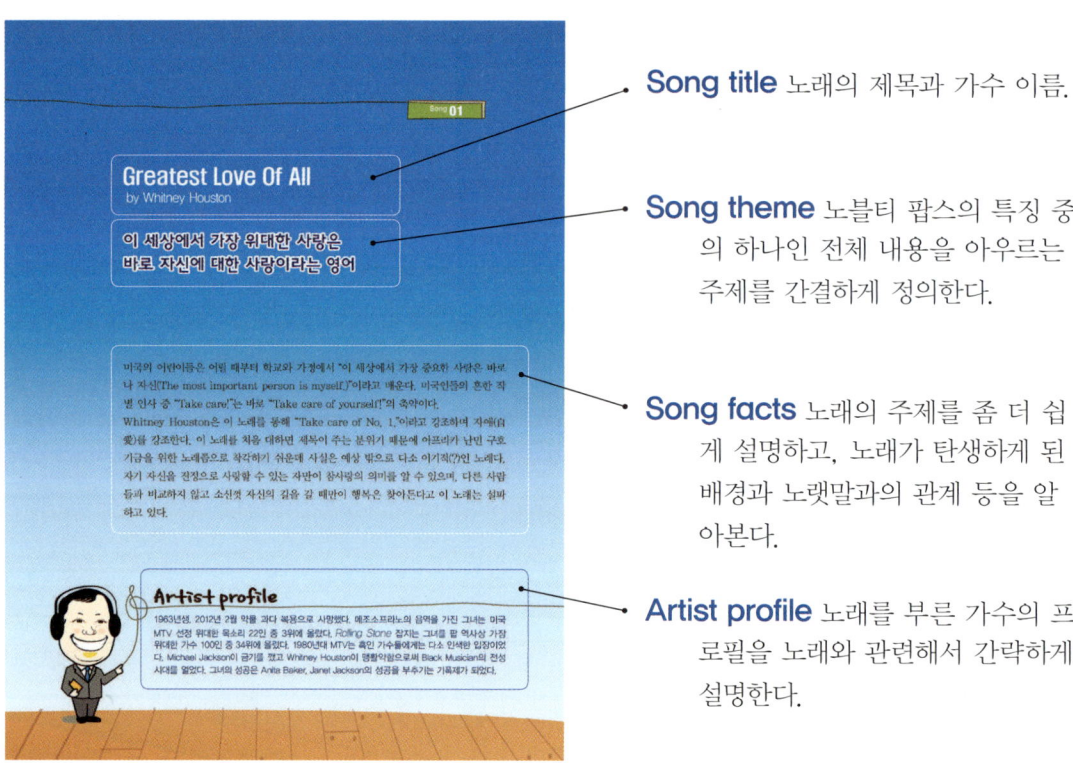

- **Song title** 노래의 제목과 가수 이름.
- **Song theme** 노블티 팝스의 특징 중의 하나인 전체 내용을 아우르는 주제를 간결하게 정의한다.
- **Song facts** 노래의 주제를 좀 더 쉽게 설명하고, 노래가 탄생하게 된 배경과 노랫말과의 관계 등을 알아본다.
- **Artist profile** 노래를 부른 가수의 프로필을 노래와 관련해서 간략하게 설명한다.

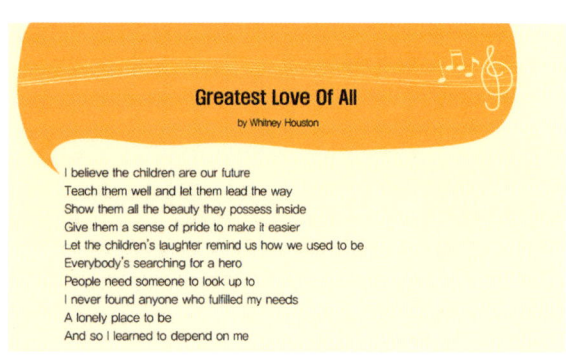

Lyrics 노래의 영문 가사 전문 수록.

Expression check list 가사 속에 등장하는 새로운 어휘와 숙어를 해설한다.

Embedded context 가사 속에 함축된 시적인 표현이나 관용 표현, 문화적 배경을 통해서만 알 수 있는 실용적 표현 속에 숨겨진 함축된 내용을 설명한다.

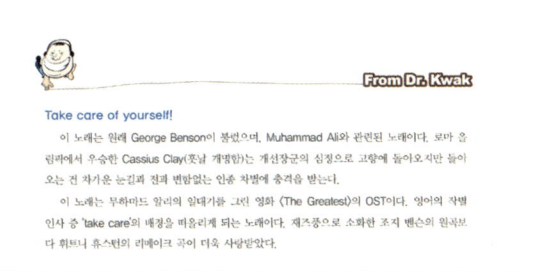

From Dr. Kwak 저자의 해설로, 30여 년의 방송 진행을 통한 실전 경험, 해외 팝 스타들을 직접 인터뷰하면서 겪은 경험, 노블티 팝스를 이해하기 위한 언어학적 근거와 문화적 배경을 설명한다. Song facts에서 미처 다루지 못한 노래의 탄생 배경과 가사에 담겨진 촌철살인의 뜻을 해설하고, 영화와 팝의 필연적인 관계에서 나타나는 연결 고리도 제시함으로써 노블티 팝스에 대한 이해를 돕는다. 한 곡의 전체적인 맥락으로 본다면 결론에 해당하는 부분이라고 할 수 있다.

CONTENTS

01 Greatest Love Of All   by Whitney Houston 21
  이 세상에서 가장 위대한 사랑은 바로 자신에 대한 사랑이라는 영어

02 Time In A Bottle   by Jim Croce 26
  작별이 아쉬운 연인들의 이별 방정식 영어

03 Yesterday Once More   by The Carpenters 31
  어릴 때 라디오에서 들었던 팝송을 들으며 옛 추억에 잠기는 영어

04 My Way   by Frank Sinatra 36
  자신이 살아온 인생에 대해 가감 없는 평가를 내리는 영어

05 Let It Be   by The Beatles 41
  인생 만사는 참고 기다리는 자에게 반드시 복이 온다는 영어

06 Goodbye Yellow Brick Road   by Elton John 46
  황량하고 각박한 도시에서 고향 마을을 그리워하는 샐러리맨의 영어

07 Take On Me   by A-ha 51
  실패를 무릅쓰고 시도하는 사람이 인생의 진정한 승리자가 된다는 영어

08 Money For Nothing   by Dire Straits 56
  가창력 없이 인기를 얻는 비디오형 가수들을 질타하는 영어

09 Seasons In The Sun   by Terry Jacks 61
  삶을 비관하고 세상을 등지려는 남자의 영어

10 That's What Friends Are For   by Dionne & Friends 67
  에이즈로 고통받는 친구를 위로하는 영어

11 Hotel California   by Eagles 72
  호텔을 빙자한 신흥종교 집단의 광기 어린 영어

12 At Seventeen   by Janis Ian 77
  외모 지상주의에 신음하는 17세 소녀의 절규 영어

13 **In Your Letter**   by REO Speedwagon 82
   변심한 애인이 보내 온 절교 편지에 분개하는 영어

14 **Coward Of The County**   by Kenny Rogers 87
   자신의 아내를 욕보인 갱들을 응징하는 영어

15 **To All The Girls I've Loved Before**   by Julio Iglesias & Willie Nelson 92
   과거 속의 여인들에게 바치는 속죄의 영어

16 **Call Me**   by Blondie 97
   부유층 여성을 상대하는 male escort(男娼)의 절규하는 영어

17 **Impossible**   by Christina Aguilera 102
   마음을 못 정하고 갈팡질팡하는 남자 친구에게 보내는 최후통첩 영어

18 **Like A Virgin**   by Madonna 107
   수많은 남성과 운우지정(雲雨之情)을 나누었지만 왠지 이 남자는 첫 남자인 듯한 느낌의 영어

19 **All The Things She Said**   by t.A.T.u. 113
   동성애(同性愛)에 빠진 소녀의 죄책감과 사랑의 영어

20 **Rehab**   by Amy Winehouse 119
   재활 병동에서 느끼는 참담함을 토로하는 여자의 영어

21 **Someone Like You**   by Adele 124
   자신을 버리고 다른 여자와 결혼한 옛 애인에게 날리는 핵 펀치 영어

22 **Take It Easy**   by Eagles 129
   7명의 여친 사이에서 방황하는 바람둥이의 영어

23 **The Sound Of Silence**   by Simon & Garfunkel 134
   기득권층의 비리를 암 덩어리에 비유한 영어

24 **Don't You Want Me**   by The Human League 139
   자신을 키워준 매니저를 배신한 여가수의 변명 영어

25 **Torn Between Two Lovers**   by Mary MacGregor 144
   두 남자 사이에서 갈등하는 여자의 영어

26 **Imagine**　　by John Lennon 149
　　무정부주의자와 무신론자를 자처하는 남자의 영어

27 **I Don't Like To Sleep Alone**　　by Paul Anka 154
　　절대로 혼자 잠자리에 들 수 없는 남자의 몸부림치는 고독박멸(孤獨撲滅)의 영어

28 **Rose Garden**　　by Lynn Anderson 159
　　화려한 생활을 꿈꾸는 아내에게 진정한 행복의 의미를 알려주는 남자의 영어

29 **Take My Breath Away**　　by Berlin 164
　　첫눈에 반해서 숨이 막혀 어쩔 줄 모르는 남자의 영어

30 **Have You Ever Seen The Rain?**　　by CCR 169
　　사회에 뿌리 깊게 배어 있는 부조리에 대한 일갈 영어

31 **Alone Again (Naturally)**　　by Gilbert O'Sullivan 174
　　여자 친구의 변심에 충격 받고 자살을 결행하는 남자의 영어

32 **She Bop**　　by Cyndi Lauper 180
　　남자의 근육질 몸매에 흥분하는 여자의 영어

33 **The Tide Is High**　　by Atomic Kitten 185
　　오직 한 남자를 위해 순결을 지키는 여자의 영어

34 **Angel Of The Morning**　　by Juice Newton 190
　　절교 선언을 하는 남자 친구에게 마지막 부탁을 애절하게 하는 영어

35 **Part-Time Lover**　　by Stevie Wonder 195
　　아내 몰래 직장에 숨겨 놓은 애인과 은밀히 소통하는 영어

36 **Gloria**　　by Laura Branigan 200
　　방탕한 사생활로 막장 드라마를 쓰는 친구에게 날리는 경고장 영어

37 **Honey, Honey**　　by ABBA 206
　　정력남(精力男)을 만나서 흥분하는 여자의 노래

38 **Lucille**　　by Kenny Rogers 211
　　가출한 유부녀를 유혹하려 했던 남자의 영어

39 **Didn't We Almost Have It All**　　by Whitney Houston　216
순결을 지켜준 첫사랑에 대해 감사의 뜻을 전하는 영어

40 **Killer Queen**　　by Queen　221
상류층을 상대로 하는 고급 매춘부를 빗댄 영어

41 **Irreplaceable**　　by Beyoncé　227
동거남을 쫓아내며 호통치는 영어

42 **Gimme! Gimme! Gimme!**　　by ABBA　234
외로움에 치를 떠는 독신녀의 영어

43 **When I Dream**　　by Crystal Gayle　240
남성 팬들의 육탄 공세에 시달리는 여성 슈퍼스타의 시름 섞인 영어

44 **Mrs. Robinson**　　by Simon & Garfunkel　244
딸의 약혼자와 통정(通情)한 여자의 영어

45 **The Most Beautiful Girl**　　by Charlie Rich　249
운우(雲雨)의 정(情)을 나눈 뒤 눈물 흘리는 여자의 영어

46 **For The Peace Of All Mankind**　　by Albert Hammond　254
하룻밤 사랑을 잊지 못해 애태우는 남자의 영어

47 **The Boxer**　　by Simon & Garfunkel　260
부자간의 갈등을 못 이겨 가출한 뒤 사회의 어두운 곳에서 진정한 사랑을 느끼는 젊은이의 영어

48 **Lyin' Eyes**　　by Eagles　266
나이 든 남편 몰래 바람 피우는 젊은 아내의 영어

49 **Girls Just Want To Have Fun**　　by Cyndi Lauper　271
억압을 싫어하는 소녀가 부모와 남친에게 외치는 억압 탈출 영어

50 **I Know Him So Well**　　by Whitney & Cissy Houston　276
실연 당한 딸에게 들려주는 엄마의 충고와 위로의 영어

Novelty Pop Song

1910년대 미국에서 시작된
노블티 송(novelty song)은
우스꽝스럽거나 의미 없는 가사로 이루어진
대중음악으로 주로 재미있게 표현된다.
음악에 재미있는 요소가 있다고 해서
모두 노블티 송은 아니다.
이 용어는 Tin Pan Alley가
대중음악의 대분류를 작성하는 중
처음으로 사용되었다.
노블티 송은 1920~1930년대에 큰 인기를 끌었다.

Song 01

Greatest Love Of All
by Whitney Houston

이 세상에서 가장 위대한 사랑은 바로 자신에 대한 사랑이라는 영어

미국의 어린이들은 어릴 때부터 학교와 가정에서 "이 세상에서 가장 중요한 사람은 바로 나 자신(The most important person is myself.)"이라고 배운다. 미국인들의 흔한 작별 인사 중 "Take care!"는 바로 "Take care of yourself!"의 축약이다.
Whitney Houston은 이 노래를 통해 "Take care of No. 1."이라고 강조하며 자애(自愛)를 중시한다. 이 노래를 처음 대하면 제목이 주는 분위기 때문에 아프리카 난민 구호 기금을 위한 노래쯤으로 착각하기 쉬운데 사실은 예상 밖으로 다소 이기적(?)인 노래다. 자기 자신을 진정으로 사랑할 수 있는 자만이 참사랑의 의미를 알 수 있으며, 다른 사람들과 비교하지 않고 소신껏 자신의 길을 갈 때만이 행복은 찾아든다고 이 노래는 설파하고 있다.

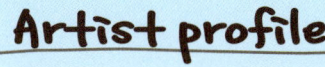

1963년생, 2012년 2월 약물 과다 복용으로 사망했다. 메조소프라노의 음역을 가진 그녀는 미국 MTV 선정 위대한 목소리 22인 중 3위에 올랐다. *Rolling Stone* 잡지는 그녀를 팝 역사상 가장 위대한 가수 100인 중 34위에 올렸다. 1980년대 MTV는 흑인 가수들에게는 다소 인색한 입장이었다. Michael Jackson이 금기를 깼고 Whitney Houston이 맹활약함으로써 Black Musician의 전성시대를 열었다. 그녀의 성공은 Anita Baker, Janet Jackson의 성공을 부추기는 기폭제가 되었다.

Greatest Love Of All

by Whitney Houston

I believe the children are our future
Teach them well and let them lead the way
Show them all the beauty they possess inside
Give them a sense of pride to make it easier
Let the children's laughter remind us how we used to be
Everybody's searching for a hero
People need someone to look up to
I never found anyone who fulfilled my needs
A lonely place to be
And so I learned to depend on me

[Chorus]
I decided long ago never to walk in anyone's shadow
If I fail, if I succeed
At least I'll live as I believe
No matter what they take from me
They can't take away my dignity
Because the greatest love of all
Is happening to me
I found the greatest love of all
Inside of me
The greatest love of all
Is easy to achieve
Learning to love yourself
It is the greatest love of all

I believe the children are our future
Teach them well and let them lead the way
Show them all the beauty they possess inside
Give them a sense of pride to make it easier
Let the children's laughter remind us how we used to be

[Repeat Chorus]

And if, by chance, that special place
That you've been dreaming of
Leads you to a lonely place
Find your strength in love

Expression check list

lead the way 길을 인도하다
possess 소유하다
sense of pride 자부심
make it easier 쉽게 하다
laughter 웃음
remind 기억시키다
how we used to be 과거의 내 모습

search for 찾다
look up to 존경하다
fulfill 충족시키다
depend on 의지하다
no matter what 아무리 ~해도
dignity 존귀함, 기품, 귀중함
by chance 혹시, 행여나
strength 힘

Embedded context

Everybody's searching for a hero. People need someone to look up to.
사람들은 모두 자신만의 우상을 갖고 있으며 존경할만한 대상을 필요로 한다.

I decided long ago, never to walk in anyone's shadows.
'내 욕구를 충족시켜 줄 사람을 아무도 발견하지 못했기(I never found anyone who fulfilled my needs)' 때문에 '그 누구의 그림자 속으로 들어가지 않겠다'고 한다. 대단한 기개다.

If I fail, if I succeed, at least I'll live as I believe.
실패하든 성공하든, 최소한 나는 소신껏 살겠다.

자기 자신의 의지대로 계획하고 추진했기에 결과는 신경 안 쓴다.

Learning to love yourself, it is the greatest love of all.
자기 자신을 사랑하는 일이 가장 큰 사랑입니다.

국가도 중요하고 사회, 가족, 이웃, 부모님들도 중요하다.

하지만 무엇보다 우선적인 것은 자기 자신을 사랑하게 되는 것이라고 노래한다.

그녀의 마지막 조언은 가슴에 꼭 와 닿는다.

If that special place that you've been dreaming of leads you to a lonely place. 만약에 성공해서 너무 외로움을 느끼게 되면

Find your strength in love.
그때는 자기 자신을 사랑하면서 용기를 가져라.

From Dr. Kwak

Take care of yourself!

    이 노래는 원래 George Benson이 불렀으며, Muhammad Ali와 관련된 노래이다. 로마 올림픽에서 우승한 Cassius Clay(훗날 개명함)는 개선장군의 심정으로 고향에 돌아오지만 돌아오는 건 차가운 눈길과 전과 변함없는 인종 차별에 충격을 받는다.

    이 노래는 무하마드 알리의 일대기를 그린 영화 〈The Greatest〉의 OST이다. 영어의 작별 인사 중 'take care'의 배경을 떠올리게 되는 노래이다. 재즈풍으로 소화한 조지 벤슨의 원곡보다 휘트니 휴스턴의 리메이크 곡이 더욱 사랑받았다.

    전설적인 복서 무하마드 알리는 상대방을 캔버스에 쓰러뜨릴 때마다 "I am the greatest of all."을 외쳤다. 생전의 기록은 61전 56승 37KO 5패.

    *Sports Illustrated*가 선정한 20세기의 가장 뛰어난 운동선수이다. 또한 BBC로부터 금세기 최고의 스포츠맨의 칭호도 받았다.

    영화 〈Born on the Fourth of July(7월 4일생)〉에서 고3 졸업반인 Tom Cruise가 월남전에 참전하기 위해 해병대에 지원한다고 하자 친구가 자신은 대학에 진학한다고 하며,

    "I am going to college. I am gonna take care of number 1."이라는 대사가 나온다.

    내 코가 석 자나 빠졌기 때문에 내 앞가림한다는 뜻으로 쓰인 것이다.

    미국인이 즐겨쓰는 작별 인사 "Take care."의 문화적 배경을 알 수 있는 대목이다.

Song 02

Time In A Bottle
By Jim Croce

작별이 아쉬운 연인들의 이별 방정식 영어

운명처럼 만났으나 아쉽게도 둘은 헤어져야 한다. 해결책은? 커다란 병 속에 시간을 담아 놓고 그리움이 쌓일 때마다 뚜껑을 열고 추억에 잠기자는 아름다운 가사이다.
사랑에만 국한된 노래는 아니다. 일도 그렇다.
시간이 많을 땐 자신에게 맞는 일을 찾지 못하다가 정작 적성에 맞는 일을 만났을 땐 시간적 여유가 절대적으로 부족할 때가 있다.
이 노래는 이처럼 다양한 각도에서 삶을 조명하게 한다.

Artist profile

Jim Croce는 아마도 1970년대에 있었던 전원적인 분위기의 미국 포크 뮤직에 대한 개념과 연관시켜볼 수 있는 몇 안 되는 아티스트 중 한 사람이라고 할 수 있을 것이다. 가수이자 작곡가로서 짐 크로체의 음악은 밝고, 부드럽고, 한편으로는 사랑의 노래를 통해서, 인생에서 가장 근본적이면서도 헤아리기 힘든 주제인 평화와 사랑과 행복에 대해 노래하고 있다. 1973년 비행기 사고로 인한 불행한 죽음으로 인해 그의 음악을 사랑하는 많은 팬들은 재능 있는 한 아티스트를 잃어버리게 되었다. 그는 1943년 1월 10일 필라델피아에서 출생했다. 짐 크로체는 1964년 빌라노바 대학교에 재학 중이었을 때부터 본격적으로 연주 활동을 시작했었다.

Time In A Bottle

By Jim Croce

If I could save time in a bottle
The first thing that I'd like to do
Is to save every day
'Til eternity passes away
Just to spend them with you

If I could make days last forever
If words could make wishes come true
I'd save every day like a treasure and then
Again, I would spend them with you

But there never seems to be enough time
To do the things you want to do
Once you find them
I've looked around enough to know
That you're the one I want to go through time with

If I had a box just for wishes
And dreams that had never come true
The box would be empty
Except for the memory
Of how they were answered by you

But there never seems to be enough time
To do the things you want to do
Once you find them
I've looked around enough to know
That you're the one I want to go through time with

Expression check list

eternity 영원(= an eternity), 끝없이 아주 오랜 시간으로 느껴지는 시간 (=a very long time that seems endless)

> ex It seemed an eternity before the police arrived.
> 경찰이 도착하기 전까지 기다리는 시간은 무척이나 길게 느껴졌다.

pass away 지나가다

wishes come true 소원이 이루어지다

treasure 보석

empty 텅빈

except ~을 제외하고

last 일정 시간 지속하다 (=continue for a period of time)

go through 겪다, 경험하다 (=endure, experience)

> ex She's been going through a bad patch recently.
> 그녀는 최근에 힘든 삶을 살고 있다.

Embedded context

The first thing that I'd like to do is to save every day 'til eternity passes away just to spend them with you.
내가 먼저 하고 싶은 일은 당신과 함께 지낼 시간을 영원토록 모아두는 것입니다.

연인과 이별할 때 두렵고 서러운 감정을 잘 표현했다. 다소 복잡해 보이는 문장인데 'The ~ do'가 주어, 'til~'는 부사절이다.

If I could make days last forever, if words could make wishes come true.
세월을 영원까지 늘여놓을 수 있다면, 말로도 소원들이 이루어지게 할 수만 있다면

여기서 last는 동사로서 '지속시키다'는 뜻이다.

But there never seems to be enough time to do the things you want to do once you find them.
그렇지만 시간이 충분치 않은 것 같군요. 당신이 일단 찾아내면 하고 싶어 했던 일들을 하기에는 말이에요.

원하는 일을 찾은 뒤에는 이상하게도 시간에 쫓기는 인간의 심성을 표현했다.

I've looked around enough to know that you're the one I want to go through time with.
나는 충분히 생각해 봤지요. 당신이야말로 내가 함께 시간을 보내고 싶은 사람이라고요.

진정한 사랑을 찾고자 이곳저곳 수소문한 바(looked around), 결론은 당신이었다(you're the one). 그러나 어쩌냐? 그는 이미 누군가의 아내이자 남편인 것을….

From Dr. Kwak

황진이(黃眞伊)의 시조

이 노래를 접할 때마다 반드시 떠오르는 사람이 있는데 1980년대 KBS 라디오 피디로 재직하던 옥충언 프로듀서이다. 강현국 피디의 'Good Morning Pops'를 종종 대신 제작을 해주었는데, 어느 날 이 노래를 틀면서 "곽영일 씨, 이 노래 들으면 생각나는 시조 없어?"라고 질문했다. 그리고는 황진이의 시조를 읊기 시작했다. 넋이 나간 채 들었는데 그는 영어 선생이 영어만 잘한다고 되는 게 아니라 우리말과 문화에도 능해야 한다고 알려 주었다. 그날 많은 생각을 했다. 영어를 잘한다는 것이 과연 단어를 많이 알고 해석을 잘하는 것이 능사는 아니란 사실도 깨달았다. 우리말과 문화 전반에 대한 탄탄한 실력을 갖추고 열린 자세로 영어를 받아들여야 한다는 사실을 배웠다. 평범한 팝송을 들으면서 우리의 옛시조를 떠올릴 수 있는 여유가 멋지게 보였다. 고백컨대 방송 활동을 하며 지성미 넘치는 피디들로부터 많은 것을 배웠다. 그것은 현재 진행형이다. 훌륭한 영어 강사가 되기 위해서는 인문학 지식을 반드시 갖춰야 한다.

동짓달 기나긴 밤을

– 황진이

동짓달 기나긴 밤을 한 허리를 베어내어
춘풍 이불 아래 서리서리 넣었다가
어론 님 오신 날 밤이면 굽이굽이 펴리라

굳이 해석을 하자면 기나긴 밤을 도려내어(시간을 저장하여) 이불 안에 넣었다가 사랑하는 님(서경덕)이 오실 때 꺼내겠다고 한다. Jim Croce의 "Time In A Bottle"과 너무나 잘 맞아떨어진다.

황진이의 또 다른 시조 '상사몽(相思夢)'은 Roy Orbison의 "In Dreams"와 꼭 닮았다.

"꿈길밖에 길이 없어 꿈길로 가니 그 님은 나를 찾아 길 떠나셨네…."

"In dreams … I walk with you. In dreams … I talk to you. In dreams … you're mine all of the time."

현실에서 이룰 수 없는 사랑을 꿈속에서나마 이루고 싶다는 간절한 소망이 엿보인다.

영어 학습도, 팝송 연구도 신토불이가 대세이다.

Song 03

Yesterday Once More
by The Carpenters

어릴 때 라디오에서 들었던 팝송을 들으며 옛 추억에 잠기는 영어

청소년 시절에 즐겨 듣던 음악 프로그램 하나쯤은 누구에게나 있다. 한국에서도 1970년대에 〈별이 빛나는 밤에(MBC)〉, 〈밤을 잊은 그대에게(TBC)〉, 〈0시의 다이얼(동아방송)〉 같은 프로들이 있었고, 80년대에는 〈밤의 디스크쇼〉 같은 심야 프로가 있었는데 수험생들의 좋은 친구였다. 이종환, 박원웅, 윤형주, 황인용, 이장희 등이 외로운 밤의 친구 같은 DJ들. 한창 감수성이 예민한 나이에 노랫말은 더욱 생생히 다가온다. 특히 '남성이 한 여성의 마음을 아프게 하는 가사'가 포함된 노래가 기억에 남는다고들 한다. 더욱이 이런 노래들은 성인이 된 뒤에 들으면 그 시절의 기억을 새록새록 피어나게 한다.

Artist profile

The Carpenters는 Karen과 Richard 남매 듀엣으로, 특히 Karen은 저음이 매력적인 가수였다. 1983년 거식증으로 세상을 떠나기 전까지 수많은 히트곡을 발표하며 팬들의 사랑을 받았다. 특히 멜로디가 아름다워서 성인층으로부터 큰 호평을 받았다. 14년의 음악 활동이 짧게 느껴질 정도로 11개의 앨범이 모두 인기를 얻었다. 두 남매가 뿜어내는 오묘한 화음은 음악적 완성도에 있어서도 톱 클래스였다. 한국에서는 '현이와 덕이'가 카펜터스로 불리기도 했다. 카펜터스의 성공 뒤에는 오빠인 리처드의 공을 빼놓을 수 없다. 훌륭한 키보디스트(keyboardist)이며 작곡가이자 편곡자였던 그는 카펜터스 사운드의 주역이었다. 사실 카렌은 성량이 풍부한 가수는 아니었지만 마이크에 밀착한 상태에서 부드럽게 소화하는 그녀의 보컬 능력은 최고였다. 그녀의 알토 보이스는 3옥타브를 넘나드는 매력을 선보였다. 오빠의 키보드에 맞춰 동생이 기품 있는 노래를 선보였던 듀엣이었다.

Yesterday Once More
by The Carpenters

When I was young I'd listen to the radio
Waitin' for my favorite songs
When they played I'd sing along, it made me smile

Those were such happy times and not so long ago
How I wondered where they'd gone
But they're back again just like a long-lost friend
All the songs I loved so well

Every sha-la-la-la
Every whoa-oh-oh, still shines
Every shing-a-ling-a-ling, that they're startin' to sing's, so fine

When they get to the part
Where he's breakin' her heart
It can really make me cry, just like before
It's yesterday once more

Lookin' back on how it was in years gone by
And the good times that I had
Makes today seem rather sad, so much has changed

It was songs of love that I would sing to then
And I'd memorize each word
Those old melodies still sound so good to me
As they melt the years away

Every sha-la-la-la
Every whoa-oh-oh, still shines
Every shing-a-ling-a-ling, that they're startin' to sing's, so fine

All my best memories come back clearly to me
Some can even make me cry, just like before
It's yesterday once more

Every sha-la-la-la
Every whoa-oh-oh, still shines
Every shing-a-ling-a-ling, that they're startin' to sing's, so fine

Every sha-la-la-la
Every whoa-oh-oh, still shines
Every shing-a-ling-a-ling, that they're startin' to sing's, so fine

Expression check list

sing along 따라 부르다

sing a different tune 사람 혹은 사물에 대한 견해를 바꾸다 (=change one' attitude or opinion)
- ex You say you don't believe in marriage, but I bet you sing a different tune when you fall in love.
  지금은 결혼에 대해 별 생각이 없다고 말하지만, 내가 장담하는데 네가 사랑에 빠지면 딴소리를 하게 될 거야.

sing someone's praises 어떤 사람을 대단히 극찬하다 (=praise somebody greatly)
- ex The critics sang her praises of her new song.
  비평가들은 그녀의 신곡에 대해 극찬했다.

sing out (주문을 할 때) 소리치다 (=shout)
- ex Sing out what you want.
  네가 주문하고 싶은 것을 크게 말해.

shine 뛰어나다, 훌륭하다 (=excel in some way)
- ex He is a shining example of a hard-working pupil.
  그는 열심히 공부하는 학생으로 탁월한 본보기가 된다.

melt away 눈 녹듯 사라져 버리다 (=disappear by melting or dissolving)
- ex All her cares melted away when she received a letter from her daughter.
  그녀의 모든 시름은 그녀의 딸로부터 편지를 받으면서 사라져 버렸다.

Embedded context

How I wondered where they'd gone, but they're back again just like a long-lost friend.
어떻게 그 노래들이 까마득히 잊혀졌었는지. 그런데 마치 오랫동안 만나지 못한 친구처럼 다시 돌아왔지.

오랜 세월에 묻혀 있던 흘러간 노래에 대한 추억이 문득 되살아난 그 감회를 오랫동안 소식을 알 수 없었던 친구와의 해후에 비유하고 있다.

When they get to the part where he's breaking her heart, it can really make me cry.
노래에서 그가 그녀의 마음을 아프게 했던 소절이 나오면 나는 정말로 울고 싶어지지.

그 노래 중에서 여자의 마음을 아프게 한 무정한 애인에 대한 소절을 부를 때면 자신도 모르게 눈물이 쏟아진다고 한다.

Lookin' back on how it was in years gone by.
그 세월들이 어떻게 지나갔는지를 돌이켜보면.

look back on 회고해 보다, 회상하다 (think about one's past, recollect)
  ex) I sometimes look back on my childhood when I am left alone.
      내가 혼자 남게 되면, 때때로 내 어린 시절을 돌이켜본다.

Those old melodies still sound so good to me, as they melt the years away.
그 옛 노래의 멜로디들은 아직까지도 내 마음을 감동시키고 있어. 마치 그 노랫가락 속에 묵은 세월의 자국들이 어느덧 사라져버릴 때면.

옛 노래를 들을 때면 그동안 지나온 세월이 어느덧 눈 녹듯 사라져 버리고 그 노래의 감동이 다시 새록새록 다가온다고 말하고 있다.

From Dr. Kwak

'추억의 팝송'은 영어로 뭐라고 하나?

    2000년대 KBS TV 프로그램 가운데 〈반갑다 친구야〉라는 코너를 가진 친구찾기 프로가 있었다. 스타의 친구들과 이방인이 섞여 앉아 있는 가운데 옛 친구를 골라내는 프로였다. 이때 배경음악이 바로 "Yesterday Once More"였다. 추억 속의 친구를 찾는 프로에서 추억의 팝송을 소재로 한 음악이 흐르는 것은 절묘한 조화였다.

    그렇다면 '추억의 팝송'은 영어로 뭐라고 할까? 직역해서 'popular songs of memory'하면 되는 것일까? 나도 1993년부터 꼭 5년간 KBS2 FM(현 Cool FM)에서 추억의 팝송을 진행한 적이 있었는데 초창기에는 외국인들에게 뭐라고 설명할지 고민한 적이 있었다.

    1995년 L.A.에 머무를 때 'K-Earth 101'이라는 라디오 방송국의 유명한 추억의 팝송 프로를 자주 들은 적이 있었는데 그들은 그냥 간단히 **oldies program**이라고 했다. 정확히는 **oldies goodies**, 즉 '오래된 것 중에서 좋은 것'인데 줄여서 **oldies**라고 한다. '난 옛날 노래가 좋다'고 할 땐 I like oldies goodies. 혹은 I like oldies.라고 하면 된다.

Song 04

My Way
by Frank Sinatra

**자신이 살아온 인생에 대해
가감 없는 평가를 내리는 영어**

자신이 살아온 인생을 돌이켜 볼 때 후회도 있고 뿌듯함도 있다. 주인공은 매우 당당하다. 실수한 뒤에는 복구했고, 손해를 봤을 땐 과감하게 받아들였다고 담담히 말한다. 무리수를 둔 것을 깨달았을 땐(When I bit off more than I could chew) 과감히 포기하는(spit it out) 지혜를 발휘했다고 하며, 자신만의 삶을 살았노라(I did it my way)고 결론을 짓는다.

Artist profile

이 곡은 원래 프랑스의 샹송을 Paul Anka가 영어 가사를 붙여서 만든 곡이다. 훗날 그도 이 노래를 부른다. 인생을 뒤돌아보며 자기 자신의 삶 속에서 후회와 함께 자긍심을 느끼는 인생에 대한 노래이다. 무모한 도전도 있었지만 인생을 큰 프레임 속에서 최선을 다해 달려왔다고 스스로 노래한다. 고인이 된 Frank Sinatra(1915~1998)의 공연 영상과 Paul Anka의 라이브가 펼치는 듀엣은 팬들을 감동 속으로 몰아넣었었다.

My Way

by Frank Sinatra

And now, the end is near
And so I face the final curtain
My friend, I'll say it clear
I'll state my case, of which I'm certain

I've lived a life that's full
I've traveled each and every highway
And more, much more than this
I did it my way

Regrets, I've had a few
But then again, too few to mention
I did what I had to do
And saw it through without exemption

I planned each chartered course
Each careful step along the byway
And more, much more than this
I did it my way

Yes, there were times, I'm sure you knew
When I bit off more than I could chew
But through it all, when there was doubt
I ate it up and spit it out
I faced it all and I stood tall
And did it my way

I've loved, I've laughed and cried
I've had my fill, my share of losing
And now, as tears subside
I find it all so amusing

To think I did all that
And may I say, not in a shy way
"Oh no, oh no, not me
I did it my way"

For what is a man, what has he got?
If not himself, then he has naught
To say the things he truly feels
And not the words of one who kneels
The record shows I took the blows
And did it my way!

Yes, it was my way

Expression check list

face ~을 마주하다	**doubt** 의심, 의구심
regret 후회	**spit out** 내뱉다
mention 거론하다	**amusing** 재미있는, 우스운, 즐거운
exemption 면제	**in a shy way** 부끄럽게
chartered course 예정된 계획	**take the blow** 불행을 겪다
chew 씹다	**kneel** 무릎 꿇다

Embedded context

My friend, I'll say it clear I'll state my case of which I'm certain.

원로 가수가 자신의 인생 역정을 되돌아보며 하는 이야기이므로 state라는 표현을 써도 어색하지 않다.

I've traveled each and every highway.

다양한 삶의 경험(가수, 영화배우, 프로그램 진행자 등)을 거쳤다는 의미.

And more, much more than this, I did it my way.

다른 사람의 지시에 의한 것이 아니라 스스로의 의지와 노력으로 개척해 나가는 것, 환경에 짓눌리지 않고 자신만의 스타일을 유지하면서 길을 걷는 것, I did it my way에는 그런 뜻이 포함되어 있을 것이다.

I planned each chartered course, each careful step along the byway.

공인된 과정, 정규 과정이 chartered course이고, 그런 계획을 실천하는 방식은 careful step이다(조심스런 발걸음으로). byway라는 것은 소로(a small road)를 말한다.

But through it all, when there was doubt, I ate it up and spit it out.

그러나 모든 일을 겪어오면서도 뭔가 꺼림칙한 것일 때에는 모두 삼켜버렸다가 이내 뱉었다고 한다. 의심되는 부분은 과감히 배척했다.

I faced it all and I stood tall, and did it my way.

face란 동사는 '피하지 않고 정면으로 마주하다'라는 뜻을 내포한다. '위축되거나 초라해지지 않고 당당하게 살았다'는 것을 말한다.

I've loved, I've laughed and cried. I've had my fill, my share of losing.

사랑도 했고, 웃고 울기도 했지. 가질 만큼 가져도 봤지만 상실의 고통도 겪었지.

I took the blows.
'손해를 볼 땐 과감하게 받아들이다'는 뜻.

From Dr. Kwak

Ate it up! Spit it out!(일단 부딪쳐 보고 과감히 포기하다)

"My Way"에서 얻을 수 있는 인생의 교훈은 'Don't bite off more than you could chew.' 한마디로 '무리수는 두지 마라'이다.

자신이 씹을 수 있는 것보다 더 많이 물어뜯지 말라고 가르친다. 그렇다면 전혀 모험을 하지 말라는 것일까? 주인공의 의도는 다른 곳에 있다. 일단 도전을 하고 무리수가 느껴지면(when I bit off more than I could chew) 일단은 본인의 책임 소재를 다하기 위해 먹었다가(ate it up) 그리고 한계를 느꼈을 때 과감히 뱉었다(spit it out)이라고 한다.

그러므로 무서워서, 틀릴까봐, 망신 당할까봐, 실패가 무서워서 복지부동하는 것과는 근본적으로 다르다. 이 노래가 주는 많은 교훈 중의 하나이다. 일단 시도하라. 성공하면 좋고 실패하면 경험이 축적된다.

Frank Sinatra를 둘러싼 끊임없는 음모설

1970년대의 전설적인 갱 영화 〈The Godfather〉를 보면 Johnny Fontane이라는 가수가 등장하는데 미국인이라면 누구나 그가 프랭크 시나트라임을 알아챈다. 영화의 주연 배역을 따내기 위해 대부에게 애절하게 부탁하는 장면이 나온다. 실제로 그는 이탈리안 마피아 두목급인 Gambino, Luciano 등과 밀접한 관계를 유지했었다. FBI도 끊임없이 조사를 벌여서 2,403쪽에 달하는 보고서까지 마련되었다.

FBI의 Hoover 국장까지 나서서 무려 50여 년에 걸쳐서 그와 조직 범죄단과의 연루를 파헤치려고 했지만 미수에 그쳤다. 특히 50~60년대 냉전의 시대에 프랭크 시나트라는 공산주의자들과의 연루설에도 휩쓸렸으나 별다른 증거를 찾지 못해 수사는 더 이상 진전되지 않았다.

이래저래 화제의 중심에 섰던 그는 1998년 82세를 일기로 세상을 떠나서 많은 미국인들을 슬프게 했다.

Song 05

Let It Be
by The Beatles

**인생 만사는 참고 기다리는 자에게
반드시 복이 온다는 영어**

이 노래는 가사 중의 Mother Mary를 오역해서 많은 해프닝이 있었다. '수도원의 원장 수녀님'을 칭하는 말이라고 오랫동안 알려져 있었다. Let it be는 '내버려 둬라' 혹은 '참고 기다리라'고 번역한다. 삶의 고통이 닥칠 때 어떤 현명한 선택을 해야 할까? 최선의 노력을 다한 뒤 하늘의 뜻에 맡기는 것이라고 결론 맺는다. 고통을 피하기 위해 극단적인 선택을 하거나 비정상적인 방법을 동원하는 것은 옳지 않다고 노래한다. The Beatles의 멤버 Paul McCartney의 어머니는 그가 14세에 운명했다. 어머니의 이름이 Mary였고, 어릴 적 어머니가 들려주던 교훈을 노래로 만들었다고 한다.

Artist profile

이 노래가 수록된 앨범에는 폴 매카트니의 명곡도 있었는데, 이것이 비틀스의 마지막 앨범이 되었다. 애초의 콘셉트는 'get back'이었다. 그리고 원래 비틀스의 고유한 음악스타일로 돌아가자는 의미에서 신곡 발표를 TV 카메라 앞에서 라이브로 했다. 폴 매카트니는 비틀스를 떠난 뒤 더욱 왕성한 활동을 했다. 솔로로, 밴드로, 듀엣으로 다양한 음악을 선보였다. 2014년 한국 공연이 감기로 무산되자 정확히 1년 뒤 2015년 봄에 잠실에서 약속을 지켰다. 그의 나이 73세였다.

Let It Be

by The Beatles

When I find myself in times of trouble
Mother Mary comes to me
Speaking words of wisdom, let it be
And in my hour of darkness
She is standing right in front of me
Speaking words of wisdom, let it be
Let it be, let it be, let it be, let it be
Whisper words of wisdom, let it be

And when the broken-hearted people
Living in the world agree
There will be an answer, let it be
For though they may be parted
There is still a chance that they will see
There will be an answer, let it be
Let it be, let it be, let it be, let it be
Yeah, there will be an answer, let it be
Let it be, let it be, let it be, let it be
Whisper words of wisdom, let it be
Let it be, let it be, let it be, yeah, let it be
Whisper words of wisdom, let it be

And when the night is cloudy
There is still a light that shines on me
Shine until tomorrow, let it be
I wake up to the sound of music
Mother Mary comes to me
Speaking words of wisdom, let it be
Yeah, let it be, let it be, let it be, yeah, let it be
There will be an answer, let it be
Let it be, let it be, let it be, yeah, let it be

There will be an answer, let it be
Let it be, let it be, let it be, yeah, let it be
Whisper words of wisdom, let it be

Expression check list

in times of trouble 고통 속에 빠져 있을 때

wisdom 지혜
 ⓔⓧ He had the wisdom to refuse it.
  그는 거절할 줄 아는 지혜를 지녔다.

agree 동의하다

let it be 그대로 내버려 두다

darkness 암흑, 무지

cloudy 구름 낀, 암울한

broken-hearted 사랑의 상처를 입은

whisper 속삭이다
 ⓔⓧ The city whispered about the rumors.
  도시는 소문으로 술렁거렸다.

shine on ~를 비추다

Embedded context

And in my hour of darkness.
내가 암흑에 싸여 있을 때.

어둠 속에 있는 사람에겐 빛이 필요한 상황.

She is standing right in front of me.
front는 rear와 상대되는 말이며, right는 여기에서처럼 '바로'의 뜻으로 사용될 수 있다. now를 강조하면 right now가 되고, 같은 용법으로 right here 등의 표현도 쓸 수 있다.

Whisper words of wisdom, let it be.
말을 하는 방식에는 여러 가지가 있다. 소리칠 수도 있고, 대화조로 이야기할 수도 있고, whisper할 수도 있으며, 때론 침묵하고 있는 것도 의사 표시가 된다.

When the broken-hearted people living in the world agree.
엘비스 프레슬리의 유명한 노래 "Heartbreak Hotel"처럼 'heartbroken people'로 표현해도 되고, 여기에서처럼 'broken-hearted people'로 표현해도 된다.

For though they may be parted, there is still a chance that they will see.
의미상으로 볼 때 they will see 뒤에는 again이나 later 정도를 추가시켜 볼 수 있다. 서로 헤어지게 될 때조차도 다시 만날 기회는 여전히 남아 있으므로.

And when the night is cloudy, there is still a light that shines on me, shine until tomorrow, let it be.
태양이 넘어가 어두운 밤. 구름조차 끼어 음산한 때에도 나에게는 여전히 비춰줄 빛이 있다네. 내일 다시 태양이 떠오를 때까지 비춰줄 빛이 있다네.

From Dr. Kwak

"Let It Be" 뒷이야기

폴 매카트니가 어느 날 꿈속에서 아주 좋지 않은 경험을 하게 된다(He was paranoid and anxious in his dream). 그래서 잠을 못 이루고 근심하던 차에 또 다른 꿈을 꾸다가 10년 전에 돌아가신 어머니를 본 것(He saw his mom who had been dead for ten years ago). 꿈속에서 어머니가 속삭여 주신 말씀이 바로 '참고 기다리라'였다고 한다.

1995년에 작고하신 어머니가 종종 꿈속에 나타나는데, 그럴 때마다 꼭 좋은 일이 생겼다.

성직자들에 의하면 크리스천들에게 꿈속에 나타나는 어머니의 모습은 곧 예수님의 형상이라고 한다.

1969년 즈음 비틀스는 라이브 공연을 중단하고 주로 스튜디오 앨범에 매진하고 있었다. 리더인 존 레넌이 일본 전위 예술가 Ono Yoko와 가깝게 지내면서 팀워크에 문제가 생긴 것이다. 폴 매카트니는 〈Let It Be〉 앨범을 구상하며 멤버 모두가 초심으로 돌아가길 바랐다. 한마디로 'Back to basic'이었다. 그래서 내린 결론은 모두 모여 라이브로 연주하며 음반 작업하는 것이었다. 이 앨범이 선보인 것은 1970년 8월인데 공교롭게도 비틀스가 공식적으로 해체된 지 꼭 한 달 뒤였다. **Let it be**를 직역하면 '그대로 둬라', 의역하면 '참고 기다리라'가 된다. 고진감래(苦盡甘來)를 뜻한다.

Song 06

Goodbye Yellow Brick Road
by Elton John

황량하고 각박한 도시에서
고향 마을을 그리워하는 샐러리맨의 영어

이 노래는 도시에서 직장 생활을 하는 주인공이 어린 시절을 보냈던 고향 마을을 그리워하는 내용을 담고 있다. 하루라도 빨리 도회지에서의 무미건조한 삶을 청산하고 싶지만 현실은 녹록지가 않다는 이야기를 하고 있다.

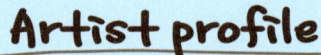

Artist profile

아마도 70년대 최초의 록 슈퍼스타로 간주될 Elton John은, 1970년 로스앤젤레스, 뉴욕, 그리고 필라델피아 등지에서 개최되어 록 역사상 최대 규모의 히피 운동을 유발시켰던 무아경의 공연을 통해 그의 녹음 및 연주 활동을 시작했다. 서정적인 작사가 Bernie Taupin과 손잡은 엘턴 존은 그때 70년대의 가장 인기 있던 곡들 가운데 다수를 작곡했는데, 그 노래들의 특징은 버니 토핀의 몽롱한 듯하면서도 낭만적이고 향수에 젖어 있으며 때로는 막연한 가사와, 존의 극히 선율적인 음악과 마음을 사로잡는 반복적인 주제의 조화에 바탕을 둔 것이었다. 1971년 초에 나온 〈Elton John〉 앨범의 두 번째 노래인 "Your Song"이 그의 첫 주요 히트 싱글이 되었으며, "Take Me To The Pilot"도 수록되어 있던 그 앨범은 그해 2월에 드디어 골드 수상 앨범이 되었다. "The American Old Compact"가 수록된 〈Tumbleweed Connection〉 앨범은, 히트 싱글 하나 없이도 그해 3월에 골드를 수상하기도 했다.

Goodbye Yellow Brick Road

by Elton John

When are you gonna come down?
When are you going to land?
I should have stayed on the farm
I should have listened to my old man

You know you can't hold me forever
I didn't sign up with you
I'm not a present for your friends to open
This boy's too young to be singing the blues

So goodbye yellow brick road
Where the dogs of society howl
You can't plant me in your penthouse
I'm going back to my plough

Back to the howling old owl in the woods
Hunting the horny back toad
Oh I've finally decided my future lies
Beyond the yellow brick road

What do you think you'll do then?
I bet that'll shoot down the plane
It'll take you a couple of vodka and tonics
To set you on your feet again

Maybe you'll get a replacement
There's plenty like me to be found
Mongrels who ain't got a penny
Sniffing for tidbits like you on the ground

So goodbye yellow brick road

Where the dogs of society howl
You can't plant me in your penthouse
I'm going back to my plough

Back to the howling old owl in the woods
Hunting the horny back toad
Oh I've finally decided my future lies
Beyond the yellow brick road

Expression check list

come down 직역하면 '내려가다'의 뜻, 여기서는 '시골로 내려간다'는 의미

land 동사로 쓰여, '육지에 착륙하다'라는 뜻. 여기서는 '도시에서 멀리 떨어진 시골로 가서 정착한다는 의미

old man 아버지를 칭하는 말.

sign up (with) (~와) 일하기로 계약을 맺다 (=sign an agreement to work for somebody)

the blues 블루스 (음악)　　　　　　**brick road** 벽돌길

houl 울부짖다　　　　　　　　　　**plant** 가둬두다

penthouse 다락방　　　　　　　　**plough** 쟁기

owl 올빼미, 부엉이　　　　　　　　**horny back** 등이 딱딱한

toad 두꺼비　　　　　　　　　　　**shoot down** 격추시키다

vodka and tonic 보드카 토닉 (술 이름)　**set ~ on his feet** ~을 재기시키다

replacement 대체재　　　　　　　**mongrel** 잡종개

tidbit 한 입, 한 조각

Embedded context

I should have listened to my old man. 아버지 말씀을 들었어야 했는데.

'should have + p.p.' 구문은 과거에 하지 못했던 일에 대한 후회를 나타낼 때 쓰는 표현으로, '그때 ~했어야만 했는데(왜 안 했지)'라는 뜻이다. **listen to somebody**라고 하면 '어떤 사람의 말을 귀 기울여 듣는다'라는 말인데, 여기서는 상대방의 충고를 받아들인다는 의미까지도 포함하고 있다.

I'm not a present for your friends to open.
This boy's too young to be singing the blues.
난 당신들의 장난감이 아니야.
블루스를 노래하기에는 나이가 너무 어리단 말이야.

서양인들에게 있어 선물(**present**)을 받는 예절이란, 여러 사람이 보는 앞에서 그것을 열어 보고 공개하면서 감사의 인사말을 전하는 것이다. 여기서는 낯선 도시인들에게 둘러싸인 채 제 발로 찾아온 무일푼 시골 촌뜨기라고 놀림을 받으며 구경거리가 된 자신의 신세를 비유적으로 표현하고 있다.

So goodbye yellow brick road where the dogs of society howl.
그러니 노란 벽돌길이여, 안녕. 냉혹한 이기심만이 으르렁거리는 곳.

유명 가수가 되겠다는 자신의 꿈은 좌절되고 도시 생활에 적응도 하지 못해 이제는 작별 인사를 고하며 떠나려고 한다. '**yellow brick road**'란 노란색 벽돌이 깔려 있는 길들이 뻗어 있는 곳, 즉 길이 잘 닦여진 도시를 상징하는 말이다.

You can't plant me in your penthouse.
I'm going back to my plough.
당신들은 나를 다락방에만 묶어둘 수는 없어.
나는 시골로 돌아가서 쟁기질이나 할 거야.

여기서 **penthouse**란 영화 〈귀여운 여인(Pretty Woman)〉에서 리처드 기어가 투숙하고 있던 호텔의 초호화판 특급 객실이 아니라 말 그대로 다락방을 말한다. 대개 다락방은 안 쓰는 물건들을 보관해 두는 창고의 용도로 쓰이는 곳이다. 도시에서 가난한 시골 청년이 유숙할 수 있는 공간이라고는 어느 집에 있는 작은 다락방 정도일 것이다.

plough는 '쟁기'로, 여기서는 밭갈이 등 농촌의 일을 뜻하는 비유적인 단어이다.

Mongrels who ain't got a penny sniffing for tidbits like you.
돈이라곤 한 푼도 없어서 당신들 같은 자들의 비위를 맞추며 뭔가 얻어볼까 하고 킁킁거리는 그런 빈털터리들 말이야.

From Dr. Kwak

가사 속에 숨겨진 이야기

　　Elton John과 Bernie Taupin은 작곡과 작사를 나눠 하며 환상의 조합을 이뤄왔다. 버니는 가사를 쓸 때 흔히 엘턴 존의 입장을 대변해 왔는데 이 곡은 예외였다(He often seems to write about Elton, but this one appears to be about him). 그 자신이 도회지에서의 단조로운 삶에 염증을 느꼈는데 도리어 엘턴 존은 화려한 도회지의 삶을 즐기는 스타일이었다(The lyrics are about giving up a life of opulence for one of the simplicity in a rural setting, Elton has enjoyed a very extravagant lifestyle, while Taupin prefers to keep it low key).

　　노래 마지막 부분에 도시에서의 생활을 쓰레기통을 뒤지는 잡종견에 비유했는데, 항간에는 엘턴 존의 여자 친구(당시에는 아직 동성연애자가 아니었음) Linda가 기르던 개에서 아이디어를 떠올렸다는 설도 있다. 아직 버니는 무명 시절이었고 유명한 스타의 여자 친구의 눈치를 봐야 하는 본인의 처지를 빗댄 것이라고 할 수 있다.

Song 07

Take On Me
by A-ha

**실패를 무릅쓰고 시도하는 사람이
인생의 진정한 승리자가 된다는 영어**

남녀 사이를 논하는 노래이지만 인생 전반을 광범위하게 다루고 있다.
'아무것도 하지 않으면서 안분지족하는 삶'은 아무 의미가 없으며, 실패하고 후회하더라도 매사에 적극적으로 도전 정신을 발휘하며 살아가야 한다는 의미를 담고 있다.

Artist profile

1982년 노르웨이 출신의 3명의 청년 Morten Harket(보컬), Paul Waaktaar(기타 및 작곡), Magne Furuholmen(키보드)이 모여 결성한 3인조 팝 그룹 A-ha. 그들은 오랜 시도 끝에 영국에 진출, 급기야 전 세계를 장악한 보기 드문 그룹이 되었다. 10살 때부터 세계적인 팝 스타가 되기 위해 영어로 작사를 하는 등 집요한 노력을 해왔었다고 한다.

Take On Me
by A-ha

We're talking away
I don't know what I'm to say
I'll say it anyway
Today's another day to find you
Shying away
I'll be coming for your love, OK?

Take on me (take on me)
Take me on (take on me)
I'll be gone
In a day or two

So needless to say
I'm odds and ends
But I'll be stumbling away
Slowly learning that life is OK
Say after me
It's no better to be safe than sorry

Take on me (take on me)
Take me on (take on me)
I'll be gone
In a day or two

Oh the things that you say
Is it life or just to play my worries away?
You're all the things I've got to remember
You're shying away
I'll be coming for you anyway

Take on me (take on me)
Take me on (take on me)
I'll be gone
In a day

Take on me (take on me)
Take me on (take on me)
I'll be gone
In a day

Expression check list

talk away 헛된 얘기를 하다

what I'm to say 내가 무슨 말을 해야 할지

shy away 수줍어서 피하다

come for 돌진하다

take on ～에게 도전하다, 대결하다

I will be gone 떠나 사라져 버리다

needless to say 말할 필요도 없이

odds and ends 잡동사니

　ex She spent the day sorting through a box full of odds and ends.
　그녀는 온갖 잡동사니가 가득 들어 있는 상자를 정리하며 하루를 보냈다.

stumble 휘청거리다, 비틀거리다

no better to be safe than sorry 안전 제일주의가 능사는 아니다

play my worries away 나의 근심을 떨쳐버리다

Embedded context

We're talking away.

우린 이야기하며 시간을 보내고 있다.

I'm odds and ends.

나는 별 볼일 없는 사람이에요.

여기서 **odds and ends**는 '잡동사니', '하찮은 물건'을 뜻한다.

I'll be stumbling away.

우리말 속어에 '엎어지고 자빠진다'는 말이 있다. 우로 가든 좌로 가든 어쨌든 '내 갈 길을 가겠다'는 강력한 의지가 보인다.

Take on me.

ABBA의 **"Take A Chance On Me"**란 노래가 있다. 똑같은 제목인데 단지 여기서는 **a chance**가 생략이 되었다. **chance**는 **challege**로서 '도전'으로 번역한다.

It's no better to be safe than sorry.

(아무 일도 하지 않으며) 안전함을 추구하는 것이 (무엇인가 시도해서) 후회하는 것보다 전혀 나을 게 없다는 뜻. 즉, 용기 있게 시도하라는 의미이며, 이 말은 그냥 관용적인 의미로 쓰인다. 실패가 두려워서 현실에 안주하지는 않겠다. 문법적인 분석은 필요 없다.

You're shying away.

당신은 수줍어한 나머지 날 피하는군요.

shy가 동사로 쓰였다.

From Dr. Kwak

인생은 행동하는 자의 것

    1980년대 가요보다 팝이 인기 있던 시절, 한국의 소녀 팬들은 크게 두 부류로 나누어져 있었다. A-ha와 Duran Duran이었다. 1982년에 노르웨이 Oslo에서 결성된 3인조 남성 밴드 '아하'는 말할 것도 없이 Morten Harket이 주인공이었다. 1985년도 앨범 〈Hunting High and Low〉가 큰 히트를 했고, "Take On Me"가 대표곡이었다. 그런데 밴드 이름이 왜 '아하'일까? 변방 노르웨이 가수가 세계적으로 알려지기 위해서는 무엇보다 그들의 이름을 팬들에게 쉽게 각인시켜야 했다. 그래서 'A-ha(그렇구나)!'라는 감탄사를 떠올리게 함으로써 팬들에게 어필하고자 했던 것이다.

    역시나 손은 안으로 굽는다고 했던가? 노르웨이 정부도 '아하'를 문화 수출 상품으로 여겨서인지 국가적인 행사에 단골손님으로 초청하곤 했었다. 그리고 그중에서 가장 큰 것이 노르웨이가 자랑하는 Nobel Peace Prize(노벨 평화상)이다.

    김대중 대통령이 평화상을 받은 날도 '아하'가 초청되어 노래를 불렀다. '아하'는 스웨덴의 ABBA에 대항하는 또 다른 스칸디나비아 출신의 유명 밴드였다.

Song 08

Money For Nothing
by Dire Straits

가창력 없이 인기를 얻는
비디오형 가수들을 질타하는 영어

1980년대 초반부터 불기 시작한 뮤직비디오 열풍은, 가수는 노래를 잘해야 한다는 통념을 깨버렸다. 가창력이 없어도 외모만 번듯하면 기획사에서 책임지고 흥행을 이끌던 시대. 바로 뮤직비디오의 효과였다. 탄탄한 연주와 가창력으로 승부하던 Dire Straits는 이러한 부조리를 노래로 표현했다. 한마디로 불로소득(money for nothing)은 안 된다는 것이었다.

Artist profile

히트곡 "스윙의 제왕(Sultans Of Swing)"으로 지난 1977년 세계 음악계를 뒤흔들며 등장한 6인조 영국 록 밴드 Dire Straits는 1985년에 여섯 번째 앨범 〈전우(Brothers In Arms)〉를 발표하며, 싱글 "불로소득(Money For Nothing)"을 싱글 차트의 정상에 올려놓은 바 있다. 다이어 스트레이츠는 리드 기타와 리드 보컬을 맡은 Mark Knopfler가 주역으로 활동하며, 심오한 기타 연주와 메시지를 담은 가사로 인기를 얻었다.

Money For Nothing

by Dire Straits

Now look at them yo-yo's that's the way you do it
You play the guitar on the MTV
That ain't workin' that's the way you do it
Money for nothin' and chicks for free
Now that ain't workin' that's the way you do it
Lemme tell ya them guys ain't dumb
Maybe get a blister on your little finger
Maybe get a blister on your thumb

We gotta install microwave ovens
Custom kitchen deliveries
We gotta move these refrigerators
We gotta move these color TV's

See the little faggot with the earring and the makeup
Yeah buddy, that's his own hair
That little faggot got his own jet airplane
That little faggot he's a millionaire

We gotta install microwave ovens
Custom kitchen deliveries
We gotta move these refrigerators
We gotta move these color TV's

I shoulda learned to play the guitar
I shoulda learned to play them drums
Look at that mama, she got it stickin' in the camera
Man, we could have some fun
And he's up there, what's that? Hawaiian noises?
Bangin' on the bongoes like a chimpanzee
That ain't workin' that's the way you do it

Get your money for nothin' get your chicks for free

We gotta install microwave ovens
Custom kitchen deliveries
We gotta move these refrigerators
We gotta move these color TV's

Expression check list

yo-yo 멍청이
chick 젊은 여자, 계집아이
blister 물집, 기포
thumb 엄지손가락
install 설치하다

buddy 친구
faggot 남성 동성애자
millionaire 백만장자
stick 집착하다
bang 심하게 두드리다, 쾅 부딪치다

Embedded context

Look at them yo-yo's.

줄을 매어 돌리는 장난감 yo-yo. 그러나 '소신 없는 사람', '얼간이(jerk)', '갈팡질팡하는 사람'도 yo-yo라는 속어로 부른다. 엉터리 그룹에서 노래하고 연주하는 아티스트들을 얼간이들이라고 비난한 것이다.

Money for nothing and chicks for free.
불로소득과 공짜 여친.

음악을 사랑하지도 않고 불로소득과 여친을 사귀기 위한 수단으로 음악을 하는 3류 연예인을 꼬집어 이른 말이다.

That ain't working.
그런 식으로는 안 돼요.

ain't는 여기서 is not의 대용.

Maybe get a blister on your little finger.
새끼손가락에 물집이 생기려나.

제대로 된 음악을 하지 않고 단순히 반복적으로 기타만 친다는 뜻.

See the little faggot with the earring and the makeup.

'사내답지 못한 사람', '동성연애하는 남자'를 fag 혹은 faggot이라고 부른다.

That little faggot he's a millionaire.
저 어린 멍청이가 백만장자라는군.

비록 우스꽝스런 복장으로 유치한 행동을 하지만 이래 봬도 저들은 백만장자에 자가용 비행기도 갖고 있다고 비아냥거린 것이다.

뮤직비디오가 만든 후광효과

1985년 〈Brothers In Arms〉 앨범에 수록된 곡으로, 짝퉁 가수들을 철저하게 비판하는 내용을 담고 있다. 리더 마크 노플러가 뉴욕의 어느 상점 앞에서 한 노동자 타입의 남자가 MTV에서 흘러나오는 뮤직비디오를 보면서 한심하다는 듯이 투덜거리는 소리를 듣고 영감을 얻었다고 한다. 아이러니한 것은 Dire Straits 자신들도 이 노래를 뮤직비디오를 통해서 크게 알렸다. 특히 노래 중간에 "I want my MTV"라고 가성(falsetto) 창법으로 노래하는 부분이 있는데 팝스타 Sting의 목소리다.

1986년 그래미 어워즈에서 최우수 Duo상을 받았다(Sting의 카메오 출연에 기인해서 듀오 부문에서 상을 받은 것이다).

Dire Straits의 노래 가운데 상업적으로 가장 성공한 곡이다. 1986년에 빌보드 차트에서 3주간 1위를 차지했다.

노래 제목 "Money For Nothing"은 '불로소득'이란 뜻인데 다른 표현으로는 easy money가 있다. 한마디로 노력 없이 버는 돈이란 개념이다. good for nothing은 백수건달.

Song 09

Seasons In The Sun
by Terry Jacks

삶을 비관하고 세상을 등지려는 남자의 영어

주인공은 삶의 무게를 견디지 못하고 생을 마감하고자 한다.
어린 시절의 추억과 함께 아버지에 대한 그리움이 묻어나는 곡이다.

Artist profile

Terry Jacks는 1944년생으로 가수이자 음반 제작자였다. 1967년 가수인 Susan Jacks와 결혼했다가 이혼했고 뒤에 매니저였던 Margaret과 재혼했으며, 이후에는 환경 운동가로 변신했다. 캐나다 출신으로 밴쿠버에서 교육을 받았으며, 10대에 기타를 배우고 18세에 밴드를 결성했는데 체스맨(The Chessmen)이라 불렸었다.

Seasons In The Sun

by Terry Jacks

Goodbye to you my trusted friend
We've known each other since we were nine or ten
Together we've climbed hills and trees
Learned of love and ABC's
Skinned our hearts and skinned our knees
Goodbye my friend, it's hard to die
When all the birds are singing in the sky
Now that the spring is in the air
Pretty girls are everywhere
Think of me and I'll be there

We had joy, we had fun
We had seasons in the sun
But the hills that we climbed
Were just seasons out of time

Goodbye Papa, please pray for me
I was the black sheep of the family
You tried to teach me right from wrong
Too much wine and too much song
Wonder how I got along
Goodbye Papa, it's hard to die
When all the birds are singing in the sky
Now that the spring is in the air
Little children everywhere
When you see them, I'll be there

We had joy, we had fun
We had seasons in the sun
But the wine and the song
Like the seasons have all gone

Goodbye Michelle, my little one
You gave me love and helped me find the sun
And every time that I was down
You would always come around
And get my feet back on the ground
Goodbye Michelle, it's hard to die
When all the birds are singing in the sky
Now that the spring is in the air
With the flowers everywhere
I wish that we could both be there

We had joy, we had fun
We had seasons in the sun
But the stars we could reach
Were just starfish on the beach

All our lives we had fun
We had seasons in the sun
But the hills that we climbed
Were just seasons out of time
We had joy, we had fun
We had seasons in the sun

Expression check list

trust 신뢰하다, 믿다 (=treat somebody as reliable)
- Trust me, I'll help you whatever you do. 날 믿어요, 당신이 어떤 일을 하든지 도울 테니까.

skin 생채기를 내다, 상처를 입히다 (=hurt by rubbing off some skin)
- I skinned my elbow against the wall. 난 벽에 긁혀서 팔꿈치가 까졌어요.

It's hard to ~하는 것은 어렵다, ~하기가 힘들다
- It's hard to contact with you. Are you so busy? 연락하기 힘들군. 그렇게 바빠요?
  It's hard to be a good writer. 좋은 작가가 되기란 어렵다.

try 좋은지 어떤지 실험해 보다 (=do something if it's satisfactory and enjoyable or not)
- Would you like to try this wine? They say it has the top quality.
  이 포도주 한번 드셔 보실래요? 최고급이라고들 하는데.

Embedded context

Goodbye to you my trusted friend. We've known each other since we were nine or ten.
우리가 아홉인가 열 살 때부터 알았던 어린 시절의 친구여, 안녕.

어릴 적 친구, 죽마고우에게 작별 인사를 고하고 있다.

Skinned our hearts and skinned our knees.
우린 서로 상처받은 마음과 몸을 함께 감싸기도 했다.
즉, 어린 시절부터 고통과 행복을 함께 나누었다는 뜻이다.

It's hard to die. When all the birds are singing in the sky.
새들이 하늘에서 노래할 때 세상을 떠나기가 힘들다는 뜻이다.
우리가 삶이란 살아 있을 때의 감각이다. 죽은 뒤 아무리 세상이 아름다워도 어떻게 볼 수 있을까. 삶의 미련이 짙은 부분이다.

Now that the spring is in the air, pretty girls are everywhere.
봄기운에 설레는 마음을 안고 봄나들이를 나온 아가씨들의 모습이 여기저기서 보인다.
모든 것이 다시 소생하는 생명의 활기를 젊은 아가씨들의 환한 표정에서 느낀다.

We had joy, we had fun, we had seasons in the sun.
But the hills that we climbed were just seasons out of time.

the hills that we climbed라는 것은 인생에서 목표로 했던 것. 젊은 시절에 품었던 거창한 포부나 계획과 같은 것을 상징적으로 표현한 것이다.

이와 유사한 의미로 But the stars we could reach were just starfish on the beach.라는 문장이 뒤에 이어진다. 별(star)이나 언덕(hill)은 모두 젊은 시절에 꿈꾸었던 이상, 야망과 같은 것을 비유적으로 표현한 것이다.

해변에서 뒹구는 불가사리(starfish)는 하찮은 것, 큰 의미 없는 것을 뜻하는 것이다. star와 starfish로 연결하여 허상과 진실의 대비를 효과적으로 보여 주고 있다.

I was the black sheep of the family.

black sheep이란 '미운 오리새끼'라는 뜻으로 말썽꾸러기, 별난 아이를 이르는 말이다. 미국 어린이 동요에 나오는 말인데, 원래는 하얀색이 아니고 까만색 양이어서 눈에 띄기도 하고, 무리와 섞이지 못하고 좌충우돌하는 존재를 이르는 말이다.

> ex Promise me this one thing. Don't act like a black sheep, OK, sweetie?
> 한 가지만 나하고 약속하자. 이제 미운 짓 하지 않는 거다, 알았지, 귀염둥이야?

You tried to teach me right from wrong. Too much wine and too much song.

You tried to teach me right from wrong.은 '당신은 인생의 옳고 그름을 알려주려고 노력했었다'라는 의미이다. **try**는 '한번쯤 ~해 보다'라는 뜻이며, **too much wine and too much song.**은 '술과 노래를 너무 좋아해서 적당한 수준을 지나 빠지다시피 즐기다'라는 뜻.

Every time that I was down, you would always come around and get my feet back on the ground.

너무 힘들고 지쳐 있을 때 자신에게 힘과 용기를 북돋아주었던 미셸에게 고맙다는 말을 하고 있다. **get my feet back on the ground**는 '좌절을 딛고 일어서다'라는 의미를 가진 표현이다.

From Dr. Kwak

원래 이 노래는 벨기에 태생의 프랑스 시인이자 가수인 Jacques Brel이 1961년에 만든 곡인데, 미국 가수 Rod McKuen이 리메이크하며 가사를 바꿨다. 하지만 캐나다 가수 Terry Jacks의 리메이크 버전이 가장 많이 알려져 있다.

자크 브렐은 이 노래를 아내의 불륜에 충격을 받고 세상을 떠나기로 결심한 어느 노인에게서 모티브를 얻었는데, 정작 자신은 이 노래를 홍등가에서 만들었다고 한다. 이런 내용을 자크 브렐은 벨기에에서 만난 테리 잭스에게 직접 전해 주었다고 한다. 예술가들에게 이 정도의 일탈은 다반사인 것일까? 하지만 테리 잭스의 버전은 조금 다르다. 불치병으로 시한부 6개월의 삶을 살아가는 친구를 위해 만들었다고 한다.

여러 버전이 각기 조금씩 다른 가사를 차용했지만 주류를 이루는 내용은 자살이다.

주인공이 삶의 무게를 이기지 못해 세상을 하직하는 것을 골자로 하고 있다(The song is a dying protagonist mentions how hard it will be to die now that the spring has come). 노래 속에서도 계절은 봄이다. 만물이 소생하는 봄날에 행복을 누리기는커녕 죽음을 맞이해야 하는 젊은이의 마음은 어떤 것일까?

역사적으로 봄은 새로운 삶이 소생하는 것에 초점이 맞춰져 있는데 좌절을 못 이기고 가족과 연인과 이별을 고한다. 원래 불어판 오리지널 버전은 아내가 불륜을 저지른 사실을 알고 비통해하는 남자가 주인공이었다(French version was farewells to his adulterous wife and her lover). Beach Boys와 Kingston Trio 버전도 있다.

Song 10

That's What Friends Are For
by Dionne & Friends

에이즈로 고통받는 친구를 위로하는 영어

'What are friends for?'는 너무나 유명한 관용 표현이다. '형제 좋다는 게 뭐야?'는 What are brothers for?, '동료 좋다는 게 뭐야?'는 What are companies for?가 된다. 노래 한 곡을 따라 부르다가 자연스럽게 관용 표현을 익히는 좋은 예가 된다.
Dionne Warwick은 흑인 가수 중 백인 작곡가의 노래를 유난히 잘 소화해내는 이색적인 고급스런 솔 가수(soul singer)이며, 미국의 인기 MTV 프로그램 〈Solid Gold〉의 진행자였다. 이 곡은 그녀가 다른 스타들과 함께 AIDS(후천성 면역결핍증) 치료약 개발을 위한 연구 단체에 수익금을 기부하기 위해 음반 〈Friends〉를 만들면서 수록한 것이다. 엘턴 존, 스티비 원더, 휘트니 휴스턴, 글래디스 나이트(Gladys Knight) 등 기라성 같은 스타들이 참여했다. 1982년 Rod Stewart가 오리지널 버전을 불렀다.

Artist profile

1940년 뉴저지 주 출생의 Dionne Warwick은 팝 역사상 솔의 전설 Aretha Franklin 다음으로 Billboard 차트에 흑인 여성으로 이름을 올린 유명 가수이다. 1962년과 1988년 사이에 무려 56개의 히트곡을 Billboard 차트에 올리기도 했다. 원래의 성(姓)은 Warrick인데 레코드 회사의 실수로 Warwick이 됐고 그 후 그대로 쓰고 있다. 휘트니 휴스턴과는 사촌 간이다. 디온 워윅은 당시 인기 MTV 팝 차트 프로 〈솔리드 골드〉의 MC역을 빼앗긴 상태에서 내한했는데 국내 취재 기자들과의 인터뷰 석상에서 불손한 태도를 보였었다. 그 후 다시 그 MC 자리를 되찾고 자신의 이미지 개선을 위해 노력했던 그녀는 자선 음반 〈친구들(Friends)〉을 발표했다. 이 앨범의 타이틀곡인 '그래서 친구들이 필요한 거야'는 스티비 원더, 엘턴 존 등과 함께 불렀다. 이 곡은 스티비 원더의 비중이 커서 곧잘 스티비 원더의 노래로 소개되기도 한다. 앨범 수익금 300만 달러는 고스란히 에이즈 퇴치 재단에 기부됐다.

That's What Friends Are For

by Dionne & Friends

And I never thought I'd feel this way
And as far as I'm concerned
I'm glad I got the chance to say
That I do believe I love you

And if I should ever go away
Well then close your eyes and try
To feel the way we do today
And then if you can remember

Keep smilin', keep shinin'
Knowing you can always count on me
For sure, that's what friends are for
For good times and bad times
I'll be on your side forevermore
That's what friends are for

Well you came and opened me
And now there's so much more I see
And so, by the way, I thank you

And then for the times when we're apart
Well then close your eyes and know
These words are coming from my hearts
And then if you can remember

Keep smilin', keep shinin'
Knowing you can always count on me
For sure, that's what friends are for
For good times and bad times
I'll be on your side forevermore

That's what friends are for

Expression check list

I never thought ～을 전혀 생각 못 했다
I do believe 정말로 믿다
go away 떠나가다
as far as ～하는 한

apart 산산조각, 따로따로
come[fall] apart 산산조각이 나다
come from ～로부터 유래하다
remember 기억하다
count on ～을 믿다, ～에게 의지하다

Embedded context

I never thought I'd feel this way.

이렇게 느끼리라곤 결코 생각 못 했어.

느낌을 표현할 땐 역시 feel을 사용하는 것이 제격이다.

> Somehow I get a feeling that you start to like me.
> 네가 날 좋아하기 시작했단 느낌이야.

As far as I'm concerned

나의 견해로는.

In my opinion의 고상한 표현.

You can always count on me.

나를 믿고 어떤 행동을 해도 좋다는 뜻까지 포함되어 있다.

count on과 비슷한 표현으로 depend on이 있다.

For good times and bad times

궂을 때를 bad times로 표현했다. rainy days라고도 한다.

That's what friends are for.

친구란 그래서 있는 거야.

what for = why의 의미가 성립된다.

'선생 좋다는 게 뭐야?'는 What are teachers for? 하면 된다.

From Dr. Kwak

한국 사람들의 이상한 영어 말하기 습관

한국에 와서 비즈니스를 하는 외국인들에게서 종종 듣는 이야기가 있다. 한국 사람들은 무척 친절하고 매너가 좋은데 Thank you.를 쓸 때 좀 의아하다는 것이다.

이 노래 속에서 주인공은 Thank you.의 용법을 다음과 같이 쓰고 있다.

By the way I thank you for the times.(그런데 시간 내줘서 고마워.)

이렇듯 Thank you.는 반드시 뒤에 for를 수반해서 구체적으로 무엇이 고마운지를 표현해야 하는데 아마도 한국 사람들은 진심으로 고마워하면서도 그냥 Thank you.로 끝을 맺는 경우가 많아서 생기는 오해라고 생각된다. 그냥 Thank you.는 오고가며 식당이나 상점에서 '감사해요' 정도로 가볍게 주고받는 것이다. 협상이 원만하게 해결되었거나 어려운 거래를 성사시킨 뒤에는 '이번에 정말 수고 많으셨습니다. 진심으로 감사 드립니다'라고 할 때는 반드시 'Thank you for your wonderful job. I really appreciate it.' 그리고 마무리로 다시 한 번 'Thank you for helping.' 하면 되는데, 그냥 Thank you.만 반복하니까 뭘 갖고 고맙다는 건지 진정성을 의심받는 것이다. 'for~'를 써서 반드시 고마운 실체를 밝혀야 한다.

Song 11

Hotel California
by Eagles

호텔을 빙자한 신흥종교 집단의 광기 어린 영어

광대(廣大)한 사막의 고속도로 주변에서 이끌려 들어간 호텔. 그곳에서 벌어지는 기상천외(奇想天外)한 이야기. 여자 교주와 젊은 남자 신도들이 벌이는 엽색(獵色) 행각을 다룬 노래이다.

Artist profile

Eagles는 1971~1980년, 1994년부터 현재까지 활약하고 있는데 보통 The Eagles로 잘못 불리기도 한다. 1980년에 해체됐다가 1994년에 〈Hell Freezes Over〉라는 앨범을 통해 돌아왔다. 무려 1억 5천만 장의 앨범을 팔았으며, 한국 팬들도 많아서 젊은 시절 그들의 앨범을 한 장 안 가진 사람은 없을 듯하다. 1998년에 로큰롤 명예의 전당에 헌정되었다. 세계적인 명성을 얻은 이글스이지만 출발은 린다 론슈태트의 백 밴드였다. 누구에게나 특히 크게 성공한 사람들에게는 반드시 힘들고 어려운 순간들이 있다. 멤버 모두가 연주 실력이 탁월하고 보컬도 출중하다.

Hotel California

by Eagles

On a dark desert highway, cool wind in my hair
Warm smell of colitas, rising up through the air
Up ahead in the distance, I saw a shimmering light
My head grew heavy and my sight grew dim
I had to stop for the night
There she stood in the doorway;
I heard the mission bell
And I was thinking to myself,
"This could be Heaven or this could be Hell."
Then she lit up a candle and she showed me the way
There were voices down the corridor,
I thought I heard them say ...

"Welcome to the Hotel California
Such a lovely place, such a lovely face
Plenty of room at the Hotel California
Any time of year, you can find it here."

Her mind is Tiffany-twisted, she got the Mercedes Benz
She got a lot of pretty, pretty boys she calls friends
How they dance in the courtyard, sweet summer sweat
Some dance to remember, some dance to forget

So I called up the Captain,
"Please bring me my wine."
He said, "We haven't had that spirit here
Since nineteen sixty nine."
And still those voices are calling from far away,
Wake you up in the middle of the night
Just to hear them say ...

"Welcome to the Hotel California
Such a lovely place, such a lovely face
They livin' it up at the Hotel California
What a nice surprise
Bring your alibis."

Mirrors on the ceiling,
The pink champagne on ice
And she said, "We are all just prisoners here
Of our own device."
And in the master's chambers,
They gathered for the feast
They stab it with their steely knives,
But they just can't kill the beast

Last thing I remember, I was
Running for the door
I had to find the passage back
To the place I was before
"Relax," said the night man,
"We are programmed to receive.
You can check-out any time you like,
But you can never leave!"

Expression check list

colitas 콜리타스 (=마리화나 식물의 싹, 스페인어로 '작은 꼬리'란 뜻)
a shimmering light 희미한 불빛
dim 희미한, 침침한
mission bell 교회 종소리
lit up light up의 과거
corridor 복도
Tiffany-twisted 보석에 사로잡힌
courtyard 뒷마당

live it up 돈을 펑펑 쓰다
of one's own device 본인이 원해서
master's chamber 주인의 방
stab 찌르다
steely knives 날카로운 칼들
passage 통로, 길
We're programmed to receive 우리는 받도록 프로그램이 되어 있다
check-out 퇴실 수속을 밟다

Embedded context

On a dark desert highway.

캘리포니아 사막의 고속도로를 여행하던 중 머리가 무겁고 눈이 침침하여(My head grew heavy and my sight grew dim) 하룻밤 쉬어가기로 한다.

호텔인 줄 알고 들어갔지만 신흥종교 집단이었다. 그리고 그녀는 사치품에 목을 매는 사람이었다(Her mind is Tiffany-twisted). 그리고 주인공의 고백은 계속된다.

호텔의 출입구에 서 있는 그녀의 모습을 보는 순간, 교회 종소리가 어디선가 들려왔네. 나는 혼자 생각했다네. 여기야말로 천당이 아니면 지옥일 것이라고.
This could be Heaven or this could be Hell.

Such a lovely place, such a lovely face.
멋진 장소이고 멋진 사람들도 많다.

They living it up at the Hotel California.
사람들은 캘리포니아 호텔에서 인생을 즐겨요.

live it up은 '돈을 펑펑 쓰며 즐긴다'는 뜻이다

Bring your alibis.
술잔을 핑계로 환락에 빠질 수 있음을 의미한다.

From Dr. Kwak

　1971년 Linda Ronstadt의 전속 밴드로 활약하다 조직된 Eagles는 글렌 프라이(Glenn Frey), 돈 헨리(Don Henley), 랜디 마이스너(Randy Meisner) 등 당초 4인조로 시작됐다. 1973년 영국에서 취입한 싱글 "Take It Easy"로서 크게 알려지게 되었고 점차 인기의 기반을 확보해갔다. 앨범 〈On The Border〉(1975년) 취입 때 Don Felder(기타)가 다섯 번째 Eagle로 들어오기도 했으며, 1976년의 〈Their Greatest Hits(1971~1975)〉 앨범은 platinum record(백금 음반)를 거머쥘 정도로 히트했다. 1976년에는 창단 멤버이자 작곡을 담당하던 Bernie Leadon이 이견 문제로 탈퇴하고, 과거 James Gang 그룹에서 활약하다 solo로 있던 Joe Walsh(기타)가 새 Eagle 멤버가 되는 사건도 터졌다.

　이 노래는 물질 만능주의(materialism)에 따른 과욕(excess)의 질타를 주제로 삼고 있다. 이 노래를 만든 Don Henley는 "이 노래에 대한 지나친 해석이 놀랍다(It's amazing because there are some of the wilder interpretations about this song.)"고 말하기도 했다.
　이 노래는 순수함을 간직한 청년이 겪은 종교적, 물질적 갈등을 그리고 있다(It's a song about a journey from an innocent man to experience a lot of trouble.)고 볼 수 있다.

Song 12

At Seventeen
by Janis Ian

외모 지상주의에 신음하는 17세 소녀의 절규 영어

서양에서 17세 소녀라면 우리나라로는 18세다. 그 또래 남학생들은 예쁜 여학생에게만 관심을 보이기 일쑤이다. 주말 저녁 파티에 한 번도 초대받지 못한 한 소녀의 안타까운 사연이 담긴 노래이다.

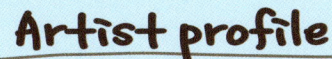

Artist profile

1960~1970년대를 풍미한 미국의 가수이자 작곡가로 "At Seventeen"으로 널리 알려졌다. 두 차례 그래미상을 수상했으며 부모님은 유대계 음악 교사였는데, 좌익 성향을 보였기 때문에 냉전 상황이었던 당시로서는 정부의 감시를 받을 수밖에 없었다. 사실 Janis Ian의 음악적 성향도 부모의 정치적 관점과 무관하지는 않다. 어린 시절 재니스 이언의 우상은 포크의 전설 조앤 바에즈(Joan Baez)였다. 그녀는 12살 때부터 자작곡을 발표했는데, 13살에 발표한 노래 제목이 "Society's Child"인 걸로 미루어 그녀가 얼마나 조숙했는지를 알 수 있다. 2008년 자서전에서 밝혔듯이 종종 그녀의 노래들은 너무 진보적이고 급진적이어서 라디오에서 금지되기 일쑤였고, 일부 보수 단체로부터 살해 위협까지 받았다고 한다.

At Seventeen

by Janis Ian

I learned the truth at seventeen
That love was meant for beauty queens
And high school girls with clear-skinned smiles
Who married young and then retired
The valentines I never knew
The Friday night charades of youth
Were spent on one more beautiful
At seventeen I learned the truth

And those of us with ravaged faces
Lacking in the social graces
Desperately remained at home
Inventing lovers on the phone
Who called to say, "Come dance with me"
And murmured vague obscenities
It isn't all it seems at seventeen

A brown-eyed girl in hand-me-downs
Whose name I never could pronounce
Said, "Pity, please, the ones who serve
They only get what they deserve"
The rich relationed hometown queen
Marries into what she needs
With a guarantee of company
And haven for the elderly

So remember those who win the game
Lose the love they sought to gain
In debentures of quality and dubious integrity
Their small-town eyes will gape at you
In dull surprise when payment due

Exceeds accounts received at seventeen

To those of us who knew the pain
Of valentines that never came
And those whose names were never called
When choosing sides for basketball
It was long ago and far away
The world was younger than today
When dreams were all they gave for free
To ugly duckling girls like me

We all play the game, and when we dare
We cheat ourselves at solitaire
Inventing lovers on the phone
Repenting other lives unknown
That call and say, "Come dance with me"
And murmur vague obscenities
At ugly girls like me, at seventeen

Expression check list

retire 은퇴하다
charade 가면무도회
ravaged face 황폐한 얼굴
vague obscenities 음란한 말
murmur 우물거리다

hand-me-downs 물려받은 옷
relationed 관련있는
debenture 빚, 사채
ugly duckling girl 못난 소녀
solitaire 고독
repent 뉘우치다

Embedded context

The Friday night charades of youth were spent on one more beautiful.
금요일 저녁 가면무도회는 오로지 예쁜 아이들 몫이죠.

청소년 시절에 여학생이 가질 수 있는 고민 중에 하나인 외모 콤플렉스가 주제이다.

내 나이 17살에(at seventeen) 이미 진실을 배웠습니다. 사랑이란 미의 여왕(beauty queen)이나 우윳빛 도는 피부에 미소 띠던 예쁜 여고생들에게나 찾아온다는 것을. 그리고 그들은 몰려드는 사랑의 기사(騎士)들에 의해 일찍 웨딩마치 속에 감싸여(married young) 미래의 꿈 따위는 포기해버린 죽마고우들을 원망 반 부러움 반으로 바라본다.

자신처럼 황폐한 얼굴(ravaged faces)을 가진 추녀들은 사교상의 이점(social graces)이 결여(lacking)된 나머지, 절망 속에서(desperately) 집에 홀로 남아, 전화에 대고 애인들을 날조하며(inventing lovers) 가상의 연애를 시작한다.

단지 무료로(for free) 즐길 수 있는 꿈만 꾸며, 전화통 앞에 기대를 걸던 미운 오리 새끼(ugly duckling) 신세의 추녀들의 솔직한 애환(哀歡)이 "At Seventeen"을 통해 고백된다. 하지만 아름다움은 결국 사라지는 것(Beauty just fades away). 훗날, 나이가 들면 대가를 혹독히 치를 것이라는 일갈도 잊지 않는다.

외모 지상주의에 휩쓸려 내면의 아름다움을 소홀히 하는 속된 인간들에게 날리는 경고장이다. 이 노래의 결론은 결코 도래하지 않을 발렌타인의 고통을 알았던 우리들을 위한 노래이다(To those of us who knew the pain of valentines that never came).

From Dr. Kwak

Janis Ian은 국내에 마니아층을 제외하면 크게 알려져 있지 않지만, 미국에서는 지식층에 상당히 두터운 팬층을 형성하고 있다. 그녀의 곡들은 한마디로 사회성 짙은 가사로 화제를 불러 일으켰다. "Society's Child"란 곡에서는 인종 간의 비애를 사회 편견으로 돌렸고, "Shady Acres"를 통해서는 늙은 부모를 요양원에 보내는 자식들을 힐책하는 등 직설적이고 파격적인 가사로 이름을 날렸다. 자살하려는 소녀에게 보내는 메시지 "Insanity Comes Quietly to the Structured Mind"는 많은 팬들의 심금을 울렸다.

이 노래는 재니스가 22살에 작곡했는데 언론에 소개된 어느 여성의 고백을 접하고 영감을 얻었다. 젊은 나이에 사교계에 진출한 그 여성이 겪은 외모 콤플렉스를 주제로 노래를 만들었다. 가사가 너무 직설적이고 지극히 개인적이어서 처음에는 앨범에 넣지 않으려고 했었다. 나중에 마음을 바꿔서 녹음을 했다.

본서에서 "At Seventeen"을 택한 것은 이 곡이 한국의 올드 팬들에게 나름대로 향수로 남아 있기 때문이다. 단순히 제목만으로 '17세 소녀의 순정'으로 오해할 소지가 다분하기 때문이다.

Song 13

In Your Letter
by REO Speedwagon

변심한 애인이 보내 온 절교 편지에 분개하는 영어

한때는 자신의 연인이었던 그녀가 변심을 했다. 마지막으로 한 번만 만나달라는 간청도 소용없었다. 상대는 묵묵부답. 이유는 단 한 가지, 새로운 연인의 자존심을 지켜주기 위해서였기 때문이다.

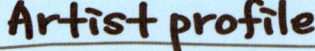

Artist profile

REO Speedwagon은 1915년에 출시된 pickup 트럭의 브랜드이다. REO는 이 회사 창업자 Ransom E. Olds의 이니셜이다. 왜 이 명칭을 밴드 이름으로 했는지는 분명하지 않다. 1967년에 결성된 이 밴드는 70년대에 상업적으로 큰 성공을 거둔다. 특이한 것은 창단 개국공신들 외에 무려 20명 이상이 팀을 들락거린 것이다. 하지만 400만 장의 음반 판매를 했고 13곡의 Top 10 히트곡을 만들어낸 명문 밴드이다. 시카고의 일리노이대 어바나샴페인 캠퍼스 동창 출신의 밴드로도 유명하다.

In Your Letter

by REO Speedwagon

In your letter, ooh, in your letter
In your letter, ooh, in your letter
In your letter, ooh, in your letter
In your letter, ooh, in your letter

Oh in your letter, you said you didn't love me
You said you're gonna leave me
But you could've said it better
Oh in your letter, you said you couldn't face me
You said you could replace me
But you could've said it better

You could've left him only
For an evening let him be lonely
But you hid behind your poison pen and his pride
You could've told him somethin'
And proved to me you don't love him
But you hid behind your future full of lies

O-o-oh in your letter

You could've left him only
For an evening let him be lonely
But you hid behind your poison pen and his pride
You could've told him somethin'
And proved to me you don't love him
But you hid behind your future full of lies

Oh in your letter, you said you didn't love me
You said you're gonna leave me
But you could've said it better

Oh in your letter, you said you couldn't face me
You said you could replace me
But you could've said it better

O-o-oh in your letter
O-o-oh in your letter
O-o-oh in your letter
O-o-oh in your letter
O-o-oh in your letter
O-o-oh in your letter

Expression check list

face 마주하다

could have said 말할 수 있었을 텐데

replace 대체하다

let him be lonely 그를 외롭게 남겨두다

poison 독

pride 자존심

prove 입증하다

Embedded context

You could've left him only for an evening let him be lonely.
하루 저녁 그 남자 혼자 놔두고 나를 만나면 안 되는지.

여성이 남자 친구에게 쓰는 절교 편지는 dear John letter라고 한다(남성이 여자 친구에게 쓰는 편지는 dear Jane letter). 유래는 확실치 않으나, 전쟁터에 나간 남자 친구에게 변심을 알리는 편지를 쓸 때 차마 본명을 못 쓰고, 그냥 Dear John이라고 쓴 데서 기인했다고 한다.

이 노래는 절교 편지를 받고 절규하는 남자의 마음을 드러낸 것이다.

단 한 번이라도 직접 대면해서 석별의 정을 나누고 싶었으나, 새로 만난 남자가 용납하지 않는다는 이유 하나로 편지로 대신하고 있다.

But you hid behind your poison pen and his pride.
나를 만나는 대신 그의 자존심과 독 묻은 펜 뒤로 숨다.

You could've told him something and proved to me you don't love him.
네가 그 남자를 사랑하지 않는다는 것을 내게 증명했어야 했다.

내게 한 거짓말을 그 남자에게 똑같이 할 것이라는 전제 하에 날리는 경고장이다.

From Dr. Kwak

REO Speedwagon은 1967년에 결성되어 지금(2014년)까지 명맥을 이어오고 있다. 물론 최초의 공연 실황을 보노라면 지금은 안쓰러울 정도로 목소리가 나오질 않는다. **So what?** 팬들은 개의치 않는다. 밴드가 유지되는 것 자체에 감사할 따름이다. 무려 20명의 멤버가 거쳐 갔다. 400만 장의 음반 판매고와 13곡의 **Top 10** 히트곡을 냈다. 우리나라에는 **"Can't Fight This Feeling"**과 **"Keep On Loving You"**가 잘 알려져 있다.

이 노래에는 유난히 가정법 과거완료의 문장이 많이 나온다.

'주절 if S + had + p.p., 종속절 S + would/should + have + p.p.'의 형식을 갖춘 문장이 계속 반복된다.

You could have told him something.(네가 그에게 말했어야 했다)에서 보이듯이 '과거의 행적'에 대한 원망이나 후회가 서려 있는 표현들이 대거 등장한다. 가정법 과거완료를 자연스럽게 익힐 수 있는 노래이다.

Song 14

Coward Of The County
by Kenny Rogers

자신의 아내를 욕보인 갱들을 응징하는 영어

주인공 Tommy의 아버지는 전설적인 총잡이였다. 부전자전(父傳子傳)일까? 토미 역시 건장한 체격에 명사수였다. 아버지가 감옥에서 사망한 뒤 삼촌 밑에서 자란다. 아버지의 피를 이어받아 체격도 좋고 총 솜씨 또한 뛰어나지만 아버지의 유언에 따라 평범한 자연인으로 살아간다.

Artist profile

1938년생. 컨트리와 soft rock을 주요 장르로 노래했다. 1958년에 데뷔했으니 가수 경력은 어언 60년에 이른다. 컨트리 뮤직 명예의 전당에 헌액되었다. 전 세계적으로 1억 장 이상의 앨범 판매고를 올렸고, 120곡의 차트 히트곡을 보유하고 있다. 한때 USA Today와 People지로부터 가장 사랑받는 가수로 선정되었다.

Coward Of The County

by Kenny Rogers

Ev'ryone considered him the coward of the county
He'd never stood one single time to prove the county wrong
His mama named him Tommy, but folks just called him Yellow
Something always told me, they were reading Tommy wrong

He was only ten years old when his daddy died in prison
I looked after Tommy, 'cause he was my brother's son
I still recall the final words my brother said to Tommy:
"Son, my life is over, but yours has just begun."

"Promise me, son, not to do the things I've done
Walk away from trouble if you can
It won't mean you're weak if you turn the other cheek
I hope you're old enough to understand:
Son, you don't have to fight to be a man."

There's someone for ev'ryone and Tommy's love was Becky
In her arms, he didn't have to prove he was a man
One day while he was workin', the Gatlin boys came callin'
They took turns at Becky an' there was three of them

Tommy opened up the door and saw his Becky cryin'
The torn dress, the shattered look was more than he could stand
He reached above the fireplace and took down his daddy's picture
As his tears fell on his daddy's face, he heard these words again:

"Promise me, Son, not to do the things I've done
Walk away from trouble if you can
It won't mean you're weak if you turn the other cheek
I hope you're old enough to understand:
Son, you don't have to fight to be a man."

The Gatlin boys just laughed at him when he walked into the bar room
One of them got up and met him halfway 'cross the floor
When Tommy turned around they said, "Hey look! Old Yellow's leavin'."
But you could've heard a pin drop
When Tommy stopped and locked the door

Twenty years of crawlin' were bottled up inside him
He wasn't holdin' nothin' back, he let 'em have it all
When Tommy left the bar room, not a Gatlin boy was standin'
He said, "This one's for Becky," as he watched the last one fall
And I heard him say,

"I promised you, Dad, not to do the things you've done
I walk away from trouble when I can
Now please don't think I'm weak, I didn't turn the other cheek
And Papa, I should hope you understand:
Sometimes you gotta fight when you're a man."

Ev'ryone considered him the coward of the county

Expression check list

coward 겁쟁이

county 군(郡) (미국의 state 밑의 행정 구획)

stand to ~할 수 있는 상황에 있다

prove the county wrong 마을에 해를 끼치다

recall 회상하다

turn the other cheek 다른 쪽 뺨을 내밀다, (모욕 등을) 참아내다

take turns at 차례로 ~를 욕보이다

torn dress 찢겨진 옷

shattered look 흐트러진 매무새

crawl (사람이) 기다 (굴욕을 의미)

you could have heard a pin drop 사방이 쥐죽은 듯 고요하다

Embedded context

He'd never stood one single time to prove the county wrong.
그는 마을에 해가 되는 일은 한 번도 한 적이 없다.

비록 겁쟁이 소리를 들을지언정 불상사에 휘말리는 일은 안 했다는 의미.

It won't mean you're weak if you turn the other cheek.
다른 쪽 뺨을 내미는 것이 결코 약한 것을 의미하지 않는다.

남자임을 증명하기 위해 싸움에 휘말리면 안 된다는 경고이다.

They took turns at Becky. 그들은 차례로 베키를 욕보였다.

take turns at ~ '~을 순서대로 진행하다'이지만 여기서는 아내에게 못된 행동을 했다는 뜻으로 쓰인다.

You could've heard a pin drop.
사방은 쥐 죽은 듯이 조용합니다.

토미는 건장하고 전설적인 총잡이였던 아버지의 피를 이어받아 빼어난 사격 솜씨를 갖고 있다. 하지만 아버지의 유언에 따라 일절 밖으로 자신의 성향(性向)을 드러내지 않았다.

어느 날 조폭들이 들이닥쳐서 아내를 차례로 능욕(凌辱)한다. 토미는 고인이 된 부친에게 용서를 구한 뒤 복수 혈전에 나선다. 결국 1:3의 결투는 예정된 시나리오대로 토미의 완승(完勝)으로 끝났다.

From Dr. Kwak

이 노래는 한 삼촌이 쓴 조카 이야기이다. 겁쟁이로 알려져 있었지만 사랑하는 아내를 위해 결단을 내린다(This is about a man's nephew who is a reputed coward, but finally takes a stand for his lover.)는 내용이다.

Tommy는 노래 속에서 지독한 겁쟁이로 등장한다. 그래서일까? 별명은 Yellow.
이 곡은 당시 각종 차트에서 1위를 석권했다. 주인공 Tommy가 싸움을 피하고 평화로운 삶을 살 수밖에 없었던 이유는 10살 때 마지막으로 본 아버지 때문이다. 그의 아버지가 죽기 전에 아들에게 남긴 말 "Turn the other cheek(다른 쪽 뺨도 내줘라)!" 때문이었다.
'한쪽 뺨을 치거든 다른 쪽 뺨도 내줘라'라는 예수님의 믿음에서 비롯됐을까? Tommy는 충실히 부친의 뜻을 지키다가 아내의 명예 회복을 위해 단 한 번 불효를 한 것이다.

Kenny Rogers는 1950년대부터 활약했으나 그다지 주목을 받지 못했는데 1976년부터 솔로로 활약하며 진가를 발휘했다.

Song 15

To All The Girls I've Loved Before
by Julio Iglesias & Willie Nelson

과거 속의 여인들에게 바치는 속죄의 영어

Julio Iglesias는 스페인 출신 가수인데 미국으로 진출하여 Willie Nelson의 도움을 받았다. 스페인과 미국을 대표하는 희대의 바람둥이 가수가 과거의 연인들에게 보내는 사죄의 노래라고 할 수 있다.

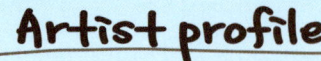

Artist profile

Julio Iglesias는 1943년생으로 원래 레알 마드리드 축구팀의 골키퍼였다. 불의의 부상으로 장기간 입원한 동안 그의 열혈 팬인 간호사가 선물한 기타가 그의 운명을 바꿔 놓았다. 훌리오 이글레시아스는 2억 장의 앨범과 20장의 플래티넘 앨범을 갖고 있다. 아들(엔리케 이글레시아스)의 가수 데뷔를 극구 만류했으나 지금은 '엔리케의 아버지' 소리를 들을 정도로 전세가 역전되었다. 1970년 유로비전 송 콘테스트에서는 4위에 그쳤었다. 하지만 1970년대 유럽에서 큰 인기를 끌었고 1979년 CBS 레코드와 계약하며 미국에 진출한 뒤 월드 스타가 되었다.

To All The Girls I've Loved Before

by Julio Iglesias & Willie Nelson

To all the girls I've loved before
Who traveled in and out my door
I'm glad they came along
I dedicate this song
To all the girls I've loved before

To all the girls I once caressed
And may I say I've held the best
For helping me to grow
I owe a lot I know
To all the girls I've loved before

The winds of change are always blowing
And every time I try to stay
The winds of change continue blowing
And they just carry me away

To all the girls who shared my life
Who now are someone else's wives
I'm glad they came along
I dedicate this song
To all the girls I've loved before

To all the girls who cared for me
Who filled my nights with ecstasy
They live within my heart
I'll always be a part
Of all the girls I've loved before

The winds of change are always blowing
And every time I try to stay

The winds of change continue blowing
And they just carry me away

To all the girls we've loved before
Who traveled in and out our doors
We're glad they came along
We dedicate this song
To all the girls we've loved before

To all the girls we've loved before
Who traveled in and out our doors
We're glad they came along
We dedicate this song
To all the girls we've loved before

Expression check list

dedicate 헌신하다

caress 포옹하다

hold the best 최고를 갖다

help me to grow 나의 성장을 돕다

owe a lot 크게 신세지다

blow 바람 불다

care for ~를 좋아하다

ecstasy 흥분, 황홀

Embedded context

The girls ... who traveled in and out my door.
내 집 문을 들락날락 출입하던 여인들.

내 집 문을 출입하던 여인들이란 뜻이며, 아래의 남의 아내가 된 여인들 the girls ... who now are someone else's wives, 또 내 밤들을 황홀로 가득 채워준 여인들 the girls ... who filled my nights with ecstasy로 이어지고 있다.

I'm glad they came along.
그들이 나에게 와 주었던 사실을 아직도 기쁘게 생각하고 있어요.

come along은 '동행하다'의 의미.

나는 지금도 그녀들이 내 앞에 등장했던 사실을 기쁘게 생각합니다. 그대들은 어떨지 몰라도 지금 시점에서 "나는 후회하지 않는다"고 하며 고마움을 간접적으로 표시하고 있다.

I dedicate this song to all the girls I've loved before.
내가 전에 사랑했던 모든 여인들에게 나는 이 노래를 바칩니다.

흘러간 추억의 여인들에게 이 노래를 바친다는 뜻이다.

추억의 여인들 중에는 나와 진한 애무(愛撫)를 나눴던(I once caressed) 사람도 있었으며, 가장 중요한 것은 그들이 날 성장시켰다(for helping me to grow)는 것이다. 그래서 진심으로 감사하고 경의(敬意)를 표한다.

내가 그대들을 떠난 이유는 단지 그 알량한 바람기(winds of change) 때문이었다고 실토한다. 이제는 누군가의 아내가 되어 있을 그녀들에게 이 노래를 헌정하고 싶다.

From Dr. Kwak

　Julio Iglesias는 세계에서 가장 로맨틱한 음성의 주인공으로 스페인과 남미, 그리고 유럽과 아시아를 정복했다. 또한 지난 1985년에는 본거지를 플로리다 주의 마이애미로 옮기고, 미국 공략에서도 성공을 거두었다.

　스페인어 히트곡 "Hey"의 영어 가사 판도 발표하는 등 국제적 스타로서 발돋움을 꾀해 온 훌리오 이글레시아스는 미국을 정복하기 위해 인기 절정의 대표적 미국 컨트리 싱어 Willie Nelson과의 듀엣이라는 묘안을 짜냈던 것. 잦은 여성 편력으로 가십난을 장식해 온 그는 1987년 전처와 재결합함으로써 그동안의 여성 편력을 일단락 짓는 듯한 태도를 보이기도 했다. 윌리 넬슨과의 듀엣곡 "To All The Girls I've Loved Before"의 노랫말에서도 그의 다양한 여성 편력을 읽을 수 있다.

　개인적인 인연도 적지 않다. 1995년 KBS FM DJ(추억의 골드 팝스) 시절 미국에 체류하던 그와 전화 인터뷰를 한 적이 있었다. 그때 반 농담으로 "Julio, when you have a concert in Korea, would you give me a chance to sing with you?"라고 했는데, 실제 1995년 1월 9일 올림픽공원 체조경기장에서 콘서트를 하며 무대에 오르게 되어 함께 듀엣으로 "To All The Girls I've Loved Before"를 불렀었다. 아주 멋진 추억이었다.

Down-to-earth(철두철미한) Julio

　Julio는 전 세계가 알아주는 playboy.
　1988년 5월, 잠실 주경기장에서 1988 올림픽 기념 콘서트를 준비 중이던 훌리오를 인터뷰한 뒤 그의 back vocal을 담당하는 여성들과 얘기할 기회가 있었다. 내심, 그의 여성 편력을 알고 싶었으나 그녀들의 대답은 뜻밖에도 "He is down-to-earth.(그는 너무 철두철미한 사람입니다)"였다.

　소문과는 달리 자신의 일에만 몰두하는 일벌레임을 알았다. 선입견이 100% 부서지는 순간이었다. 플레이보이 운운하는 것은 마케팅의 일환일 뿐, 그는 성공을 위해 불철주야 노력하는 철두철미한 사람이었다. 적어도 동료들의 평가는 그랬다.

Song 16

Call Me
by Blondie

부유층 여성을 상대하는
male escort(男娼)의 절규하는 영어

매춘부(賣春婦)를 칭하는 용어는 prostitute, whore 정도인데 반해 남창(男娼), 즉 남성 매춘부를 칭하는 표현은 다양하다. 매춘 자체가 불법인 국가가 많고 더구나 남창에 대한 사회적 인식은 아주 금기시되어 그들을 칭하는 용어도 은밀할 수밖에 없다. 남창을 칭하는 용어로는 male escort, gigolo, rent boy, hustler, model 혹은 masseur 등이 있다. 동성애자가 아님에도 종종 gay for pay로 불리는 건 의아하다.

Artist profile

1974년에 결성된 미국의 punk rock 밴드 Blondie가 1980년에 부른 곡이다. 이 곡은 영화 〈American Gigolo〉의 opening credits 주제음악이다. 영화의 음악 담당 Giorgio Moroder는 처음에 Fleetwood Mac 밴드의 Stevie Nicks에게 부르게 하려고 했는데, 그녀가 거절하면서 Blondie가 받게 되었다. 기타리스트 Chris Stein과 Deborah Harry가 주축 멤버로 활동했다. 록과 전자음악을 결합한 독특한 뉴웨이브 음악을 선보이며 팬들의 사랑을 받았다. 1982년에 해체되었다.

Call Me
by Blondie

Color me your color, baby
Color me your car
Color me your color, darling
I know who you are
Come up off your color chart
I know where you're comin' from

Call me (call me) on the line
Call me, call me any, anytime
Call me (call me) my love
You can call me any day or night
Call me

Cover me with kisses, baby
Cover me with love
Roll me in designer sheets
I'll never get enough
Emotions come, I don't know why
Cover up love's alibi

Call me (call me) on the line
Call me, call me any, anytime
Call me (call me) oh my love
When you're ready we can share the wine
Call me

Oh, oh, oh, oh, oh, he speaks the languages of love
Oh, oh, oh, oh, oh, amore, chiamami, chiamami
Oh, oh, oh, oh, oh, appelle-moi mon cherie, appelle-moi
Anytime, anyplace, anywhere, anyway
Anytime, anyplace, anywhere, any day

Call me (call me) my love
Call me, call me any, anytime
Call me (call me) for a ride
Call me, call me for some overtime
Call me (call me) my love
Call me, call me in a sweet design
Call me (call me), call me for your lover's lover's alibi
Call me (call me) on the line
Call me, call me any, anytime
Call me, (call me)
Oh, call me, oh, oh, oh
Call me (call me) my love
Call me, call me any, anytime

Expression check list

designer sheet 명품 침대 시트
emotion 감정
share 공유하다

ride (교통 수단을) '타기', 드라이브
show off 뽐내다, 과시하다
alibi 알리바이(현장 부재 증명, 입증)

Embedded context

I know who you are.
난 당신이 누구인지 안다.

지극히 평범해 보이지만 이 노래가 OST로 들어간 영화 〈American Gigolo〉를 보면 앞뒤 상황이 맞아 떨어진다. agent로부터 자신이 안내(escort)를 맡은 여성의 공항 도착 시간을 전달받고 현관에서 기다리는 장면을 상상해 보시라. '파트너에 대한 정보를 모두 알고 있다'는 뜻이다.

Come up off your color chart.
당신의 색 도표는 내려 놓으세요.

Gigolo가 상대 여성에게 건네는 말. 고향에서 가졌던 모든 강박관념은 버리고 편안한 여정을 보내라는 뜻이다.

I know where you're comin' from.
당신의 국적도 난 압니다.

국적을 물어볼 때는 흔히, Where are you from?이나 Where do you come from?이라고 한다. What's your nationality?도 쓰는데, 신상에 관한 질문이므로, Excuse me, I was wondering if you could help me. Where are you from?이라고 하는 게 좋다.

Roll me in designer sheets.
화려한 침대에서 나와 즐겨봐요.

roll은 속어로 '성교를 하다(=have sexual intercourse)'를 말한다. love affair란 고상한 단어도 있다. sex 같은 노골적인 단어는 일상에서 잘 쓰지 않는다.

From Dr. Kwak

이 노래에 구체적으로 어딜 봐도 gigolo란 단어는 없다. male escort도 없다. 하지만 이 노래를 듣는 원어민들은 모두 이 노래를 gigolo의 주제가쯤으로 받아들인다.

영화 〈American Gigolo〉 개봉때 일이다. 우리나라에서는 슬쩍 바꿔서 〈American Playboy〉로 개봉이 되었다. 특이한 것은 female escort(여성 매춘부)는 터부시되는 반면, gigolo들은 공공연히 방송에 출연하며 자신들의 주요 고객들의 성향에 대해 얘기를 했는데 가히 목불인견(目不忍見)이었다.

gigolo의 사전적 정의는 '돈 많은 여성에게 고용되어 성적 향응을 베푸는 남자(man who is hired by a wealthy woman gives a sexual pleasure to her)'이다.

뜻밖에도 미국 여자들은 gigolo에 대해서 크게 반감을 갖지 않는다. 호주에서는 아예 회사까지 차려놓고 홍보도 한다. 1980년에 리처드 기어가 주연한 〈American Gigolo〉란 영화가 있었는데, 이 노래가 영화 주제가였다. 영화 속 주인공 Julian Kaye는 돈 많은 세계 각지의 여성을 상대하는 국제적인 male escort로 이후 남창을 이르는 단어로 통용되었.

평소에는 각종 외국어를 섭렵하고 체력 단련을 하다가 여성들로부터 연락이 오면 공항으로 향하는데 그때, 이 노래가 울려 퍼진다.

male escort들은 나름대로 직업관이 뚜렷하다. 여성을 성적으로 즐겁게 해주는 것이 자신의 의무라고 믿는다(They claim to take some pleasure in his work from being able to sexually satisfy women).

처음에 Deborah가 이 곡을 의뢰받았을 때의 주제는 "Man Machine"이었다고 한다.

제목이 주는 뉘앙스가 다소 탐탁지 않았던 데비가 캘리포니아 해안을 드라이브하며 노래에 대한 영감을 떠올린 것이 "Call Me"의 탄생 배경이다.

그러니까, 애초 작곡자의 의도는 무척 순수했지만, 남자 접대부를 주제로 하는 영화에 삽입이 되면서 뜻이 다소 변질되었다.

Impossible
by Christina Aguilera

**마음을 못 정하고 갈팡질팡하는
남자 친구에게 보내는 최후통첩 영어**

크리스티나 아길레라는 데뷔 초에는 아이돌 스타의 이미지가 강했으나(She rose to prominence as a bubblegum pop singer in the beginning) 점점 진정한 아티스트의 면모를 보여줬다. 이 곡은 수줍음을 타는 남자 친구에게 보내는 경고 메시지를 담은 노래이다.

Artist profile

1980년생의 미국의 가수이자 작곡가(singer-songwriter), 여덟 살에 TV의 〈Star Search〉 프로그램을 통해 데뷔했다. 1998년 디즈니 영화 〈Mulan〉의 주제가 "Reflection"을 발표하면서 큰 명성을 얻기 시작했다. 2004년 제47회 그래미상 시상식에서 최우수 여자 팝가수상을 수상했다.

Song 17

Impossible

by Christina Aguilera

Play somethin' for me, Alicia
Where you go, Chris?
What's up?
I just got somethin' on my mind
Speak on it girl

It's impossible
It's impossible to love you
If you don't let me know, what you're feeling
It's impossible for me to give you what you need
If you're always hidin' from me

I don't know what hurts you
I just, I wanna make it right
Cos boy I'm sick and tired of tryin' to read your mind

It's impossible
Oh baby it's impossible for me to love you
It's the way it is
It's impossible
Oh baby it's impossible
If you're makin' it this way

Impossible to make it easy
If you always tryin' to make it so damn hard
How can I, how can I give you all my love, baby?
If you're always, always puttin' up your own guard

This is not a circus
Don't ya play me for a clown
How long can emotions keep on goin' up and down

It's impossible
Oh baby it's impossible for me to love you
It's the way it is
It's impossible
Oh baby it's impossible
If you keep treatin' me this way
Over, over

Impossible baby
If you're makin' it this way, this way
Oh baby, it's impossible
If you're makin' it this way

Expression check list

hide 숨다
make it right 정상으로 만들다
sick and tired of ~에 지친
read a person's mind ~의 마음을 읽어내다

it's the way it is 다 그런 거지, 뭐
make it (damn) hard (몹시) 힘들게 하다
put up your own guard 방어막을 치다
clown 광대
treat 대접하다

Embedded context

It's impossible to love you.
If you don't let me know, what you're feeling.
당신을 사랑하는 건 불가능해.
너의 느낌이 어떤지 내게 말해주지 않으면.

I'm sick and tired of trying to read your mind.
당신 마음을 읽는 것도 이제는 지쳤어요

sick는 '아픈', tired는 '피곤한'이지만 sick and tired of은 '~가 지겨운'이라는 뜻.
read your mind는 '~의 마음을 헤아리다'는 뜻이다.

당신이 속내를 드러내지 않기 때문에 사랑을 할 수가 없다고 한다.

실심탄식(失心歎息)을 하며, 늘 숨어서 지내는 남자라고 한다(If you're always hidin' from me). 그리곤, 결정타를 날린다. 당신의 속마음을 읽는 것도 너무 지겹다(I'm sick and tired of trying to read your mind).

우리 사랑 사이에 진도를 좀 나가보려 해도 상대방이 철옹성처럼 문을 걸어 잠그고 있어서 힘들다는 내용을 담고 있다.

한마디로, 아무리 내가 적극적으로 사랑을 표시해도 상대가 받아들일 준비가 되어 있지 않으면 이뤄지기는 불가능하다는 명백한 사실을 이 노래는 알려준다(It's impossible to declare to someone since the person is reluctant to accept it).

105

From Dr. Kwak

이 노래를 작곡한 사람은 Alicia Keys다.

'수줍음을 타는 남자를 사랑하는 것이 매우 힘들다'는 주제로 피아노 연주와 함께 음악이 시작된다. 이 노래는 실상 Aretha Franklin의 "Ain't no way(1968)"를 차용한 것으로 보인다(유튜브에서 꼭 확인해 보시라). 하지만 Aguilera도 Keys도 이 문제에 대해서는 쓰다달다 일체 언급이 없다.

Christina Aguilera는 1990년 〈Star Search〉 프로그램으로 데뷔한 뒤 1999년에 정식으로 데뷔 앨범을 냈다. 그 앨범은 상업적으로 성공했는데 3곡의 찬란한 히트곡을 담고 있었다(That album was commercially success. It had spawning 3 number one single such as "Genie in a Bottle," "What a Girl Wants," "Come on over Baby").

이러한 성공에도 불구하고 자신에게 덧씌워진 bubblegum 팝 가수라는 오명이 큰 부담이었다. 이 곡이 매니저도 교체하고 새롭게 음악적인 성숙도를 추구한 첫 번째 시도였다.

그녀를 세상에 크게 알리게 된 계기는 1998년 디즈니 영화 〈Mulan〉의 주제가 "Reflection"이다.

이 곡은 진심을 드러내지 않는 남자 친구에 대한 원망을 담고 있다. 속내를 드러내지 않기에 사랑하기가 불가능하다고 한다. 이 곡으로 아길레라는 팝계의 아이콘으로 우뚝 자리 잡았다 (Aguilera became a pop icon).

이 노래는 또 다른 천재 아티스트 Alicia Keys의 피아노 연주가 압권을 이루는 발라드 곡이다(This is a piano-driven ballad).

Song 18

Like A Virgin
by Madonna

**수많은 남성과 운우지정(雲雨之情)을 나누었지만
왠지 이 남자는 첫 남자인 듯한 느낌의 영어**

가사 자체는 다소 문란(紊亂)하다고 할 수 있지만 이 책을 통해 여러 차례 언급했듯이 Madonna에게 비난의 화살을 퍼부을 필요는 없다. 그녀는 단지 artist로서 작곡가, 작사가의 뜻에 따라 충실히 곡을 해석한 것뿐이다.

Artist profile

Madonna는 1958년생으로 가수이자 배우이며 사업가이다. 특히 그녀는 팝 역사상 가사를 통해 팝 계를 변화시킨 최초의 인물이다. 별명은 The Queen of Pop. 마돈나에 대한 초기의 편견은 그녀가 한마디로 저질 연예인이라는 잘못된 선입견에서 출발했다. 노래 가사가 문란하고 무대 매너가 지나치게 선정적인 것이 이유였다. 하지만 이 모든 것은 철저하게 계산된 해프닝이었다. 그녀를 마케팅 하는 팀에서 콘셉트를 그렇게 정한 것이다. 마돈나도 처음에는 란제리 차림으로 무대에 서는 것을 무척 꺼려했다고 한다. 그녀는 엄연히 명문 Michigan 대학교에서 현대 무용과 드라마를 전공한 재원이고, 비상한 머리를 가진 교양이 풍부한 지성인이다. 단지 스타를 만들기 위한 작업의 일환으로 연출한 결과물이 사람들에게 각인된 것뿐이다. 팝 역사상 비틀스, 엘비스 프레슬리, 마이클 잭슨과 맞먹는 위치에 오른 여성 최고의 아티스트이다.

Like A Virgin

by Madonna

I made it through the wilderness
Somehow I made it through
Didn't know how lost I was
Until I found you

I was beat
Incomplete
I'd been had, I was sad and blue
But you made me feel
Yeah, you made me feel
Shiny and new

Hoo, like a virgin
Touched for the very first time
Like a virgin
When your heart beats
Next to mine

Gonna give you all my love, boy
My fear is fading fast
Been saving it all for you
'Cause only love can last

You're so fine and you're mine
Make me strong, yeah you make me bold
Oh your love thawed out
Yeah, your love thawed out
What was scared and cold

Like a virgin, hey
Touched for the very first time

Like a virgin
With your heartbeat
Next to mine

Whoa
Whoa, ah
Whoa

You're so fine and you're mine
I'll be yours 'til the end of time
'Cause you made me feel
Yeah, you made me feel
I've nothing to hide

Like a virgin, hey
Touched for the very first time
Like a virgin
With your heartbeat
Next to mine

Like a virgin, ooh ooh
Like a virgin
Feels so good inside
When you hold me, and your heart beats,
And you love me

Oh oh, ooh whoa
Oh oh oh whoa
Whoa oh ho, ho

Ooh baby
Yeah
Can't you hear my heart beat
For the very first time?

Expression check list

wilderness 황야, 황무지
make it through 해결하다
incomplete 불완전한

heartbeat 심장 박동
fade fast 빨리 사라지다
thaw out 녹이다
hide ~을 숨기다

Embedded context

I made it through the wilderness, somehow I made it through.
난 황야에서 그걸 경험했어요. 어찌 되었건 나는 그걸 경험했어요.

이 노랫말은 다소 음란성(淫亂性)이 있다. 모세가 황야를 거쳐 오듯 나도 남자에 대한 광활한 일가견이 있다고 한다.

I was beat incomplete. 나는 완전히 불완전한 상태였어요.

여기서 beat는 '피곤해 죽을 지경'이라는 뜻이다.

그렇지만 당신 덕에 다시 활기를 찾았어요(You made me feel shiny and new).

이 노래의 작곡자는 Billy Steinberg이다. 그는 "Like A Virgin" 이외에도 The Bangles의 "Eternal Flame"이나 Whitney Houston의 "So Emotional", Cyndi Lauper의 "True Colors"와 같은 명곡을 만들었다. 그는 밴드 활동을 하던 짬짬이 포도 농장을 하는 아버지를 돕고 있었는데, 우연히 트럭을 몰고 광활한 포도 농장을 지나가다 이 노래 가사 영감이 떠올랐다고 한다.

Like a virgin touched for the very first time.
난 처녀 같은 기분이에요.

그렇게 경험 많은 자신이 당신을 만나고 인생이 180도 바뀌었다고 한다. 왜일까? 당신과의 접촉은 첫경험 때와 유사하다는 것이다.

그리고는 당신을 만나고서야 자신의 모든 근심걱정은 드디어 해빙기(解氷期)를 맞이했다고 결론을 짓는다(Your love thawed out what was scared and cold).

From Dr. Kwak

이 곡은 처음에는 작곡가가 ballad로 썼다고 한다. 그런데 제목을 "Like A Virgin"으로 짓고 나서 한참 고민했다고 한다. "How can you write a tender ballad called 'Like a Virgin'? (제목이 '처녀처럼'인데 부드러운 발라드라고?)" 그래서 rock으로 곡이 바뀌었다고 한다.

Madonna는 1984년 MTV에서 이 곡을 처음 불렀다(Madonna performed this song for the first time on Sep. 18, 1984 on MTV). 놀랍게도 웨딩드레스를 입고 노래의 끝부분에는 남녀 사이의 절정 경험(絶頂經驗)에서 나오는 환희의 탄성(歎聲)을 냈었다(She sang a sultry version, ending with a stimulated orgasm).
마돈나도 긴장했었는지 첫 무대에서는 한 가사를 빠뜨렸었다고 한다.

놀랍게도 이 곡은 작곡가가 마돈나를 염두에 두고 쓰지도 않았고, 더구나 여성 가수에게 부르게 하려는 의도는 추호도 없었다고 한다. 그리고, 노래 제목에 virgin을 넣는 것 자체가 몹시 꺼려졌었다고 한다.
마돈나는 잘 알려진 대로 이 곡으로 스타가 되기 전에는 뉴욕의 작은 클럽을 전전하는 댄서였다.
그녀는 매니저의 마케팅 전략에 따라 다소 선정적인 분위기를 연출하여 sex symbol로 비춰진 것에 대해서 대단한 강박관념을 갖고 있었다. 주위의 시선에 아랑곳없이 그녀는 음악적 재능으로 승부하길 원했고, "Like A Virgin"의 제작 과정에서도 음악적 완성도에 대해 프로듀서와 깊은 교감을 나눴다고 한다.

Song 19

All The Things She Said
by t.A.T.u.

동성애(同性愛)에 빠진
소녀의 죄책감과 사랑의 영어

Russian duo t.A.T.u.의 2000년대 초반 히트곡이다. 뮤직비디오에 나타난 장면들은 가히 충격적이었다. 어린 여성들의 동성애를 묘사하고 있었기 때문이다. 남자 동성애자는 gay라고 하고 여자 동성애자는 lesbian이라고 한다. 가사 내용과 실제 duo의 사생활과는 무관하다고 전해진다.

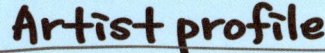

Artist profile

러시아 출신 듀오로 2000년대 초반 큰 성공을 거두었다. 그들의 뮤직비디오는 교복 입은 여학생들이 비를 맞으며 키스를 하는 등 당시 윤리로는 받아들여지기 힘든 내용이었다. 이 모든 것 역시 러시아 출신 프로듀서의 치밀한 연출에 의한 것이었다. 팝 아티스트 앤디 워홀(Andy Warhol)이 예견했던 '찰나의 명성(famous for 15 minutes)'의 효과를 노렸는지도 모르겠다. t.A.T.u.의 두 여성 멤버들도 이러한 연출을 탐탁지 않게 여겼지만 스타가 되기 위한 과정이라고 설득하는 매니저를 거스를 수는 없었다. 다행히도 후속 곡 "Not Gonna Get Us"와 "All About Us"가 계속 히트를 하면서 반짝 가수로 끝나지는 않았다.

All The Things She Said

by t.A.T.u.

All the things she said
All the things she said
Running through my head
All the things she said
All the things she said
Running through my head
This is not enough

I'm in serious shit, I feel totally lost
If I'm asking for help, it's only because
Being with you has opened my eyes
Could I ever believe such a perfect surprise?

I keep asking myself, wondering how
I keep closing my eyes but I can't block you out
Wanna fly to a place where it's just you and me
Nobody else so we can be free

All the things she said
All the things she said
Running through my head
All the things she said
All the things she said
Running through my head
This is not enough
This is not enough

All the things she said
All the things she said

And I'm all mixed up, feeling cornered and rushed

They say it's my fault but I want her so much
Want to fly her away where the sun and rain
Come in over my face, wash away all the shame
When they stop and stare—don't worry me
'Cause I'm feeling for her what she's feeling for me
I can try to pretend, I can try to forget
But it's driving me mad, going out of my head

All the things she said
All the things she said
Running through my head
All the things she said
All the things she said
Running through my head
This is not enough
This is not enough

All the things she said
All the things she said

Mom they're looking at me
Tell me what do you see?
Yes, I've lost my mind

Dad they're looking at me
Will I ever be free?
Have I crossed the line?

All the things she said
All the things she said
Running through my head
All the things she said
All the things she said
Running through my head
This is not enough

This is not enough

All the things she said
All the things she said

Expression check list

run through 스쳐 지나가다
serious shit 심각한 처지
totally lost 완전히 실신한
perfect surprise 완벽한 경이
block out ~을 차단하다
mixed up 헷갈리는, 혼란스러운
feel cornered and rushed 궁지에 몰려 경황이 없다
wash away 씻다
pretend 위장하다
cross the line 선을 넘다, 도를 넘어서다

Embedded context

All the things she said running through my head.
그녀가 말했던 모든 것들이 내 머리를 어지럽히네.

동성애에 빠진 소녀의 놀랍고도 두려운, 그러나 어쩔 수 없는 감정의 기복이 노랫말에 나와 있다. 그 소녀의 모든 말들은 나의 뇌리에 박힌다며 자기 자신도 현재의 상황이 그다지 썩 자랑스럽지는 않다는 것을 느낀다.

I'm in serious shit, I feel totally lost.
심각한 상황이 날 찾아왔고, 내겐 허무함만 가득해.

Being with you has opened my eyes.
그건 널 만나고 난 세상을 알았기 때문이야.

어쨌든 널 만나서 (남자애들한테는 못 느끼는) 사랑에 눈을 떴다고 한다.

I keep closing my eyes but I can't block you out.
계속 눈을 감아 보지만 널 지울 수가 없어.

눈을 감고 잊으려 해도 잊을 수 없는 너라고 한다. 그리고는 둘만의 안식처로 날아가고 싶다고 한다. 하지만 드러내 놓고 자랑할 수도 없는 사랑인지라 늘 궁지에 몰려 어쩔 줄 모르는 느낌은 어쩔 수가 없다(I'm all mixed up, feeling cornered and rushed).

They say it's my fault but I want her so much.
그들은 내 잘못이라고 하지만, 난 그녀를 강력히 원해요.

이 가사를 보면 동성애를 표방하는 내용을 감지할 수 있다.

Come in over my face, wash away all the shame.
내 앞에 나타나서, 모든 수치심을 떨쳐 버리세요.

From Dr. Kwak

실제로 이 노래를 부른 러시아의 듀오 t.A.T.u.는 lesbian이다. 그들의 매니저가 만들어 낸 image라는 설도 있었다(t.A.T.u. was blatantly portrayed as lesbians by the media, an image created by their manager).

가히 충격이 아닐 수 없다. 그들은 처음에 앨범 계약을 할 때 뮤직비디오에 키스 장면이 있다거나 그들이 lesbian 콘셉트로 촬영해야 한다는 사실을 까맣게 모르고 있었다고 한다(Both girls claimed to be straight and did not know that they would be forced to kiss and pretend to be lesbian when they signed their contract).

타투의 전성기는 1999~2001년이다.

2003년에는 Russia 대표로 유러비전 송 콘테스트에 출전했다.

2001년에는 공식적으로 결별을 선언하기도 했다. 그러나 2012년에 다시 2,500만 장의 음반을 판매한다.

그들은 심기일전(心機一轉)해서 투어를 시작했고, 2014년 소치 동계올림픽 개막식에서 축하 공연을 하기에 이른다.

이 노래가 처음 선보이자 어떤 이들은 가사를 문제 삼아 비난을 퍼붓기도 했고, 혹자는 마케팅의 일환이라고 여기기도 했다(Some called it a gimmick and suggestive).

팬들의 반응은 뜨거웠다. 특히 미국 이외에 영국, 스위스, 뉴질랜드, 호주에서 차트 1위에 올랐다. 미국 빌보드 차트에는 20위로 랭크되었다. 그나마 러시아 가수로는 최초의 쾌거.

뮤직비디오는 여성 동성애자와 소아 성애자를 암시하는 내용을 담고 있어서 논란이 되기도 했다(It depicted themes of lesbianism and pedophilia). 이래저래 논란의 중심에 섰던 노래이다.

Song 20

Rehab
by Amy Winehouse

재활 병동에서 느끼는
참담함을 토로하는 여자의 영어

Amy Winehouse는 영국을 대표하는 R&B 가수. 하지만 알코올 의존증과 극심한 우울증으로 재활 병동에 감금되어 치료를 받았었다. 이 노래는 자신의 치료 과정에서 겪은 갈등과 처참한 심정, 아버지에 대한 원망 등을 내용으로 담고 있다.

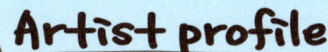

Amy Winehouse는 2011년에 사망했다. 당시 그녀의 나이는 27세. 너무 아깝게 요절했다. 2008년에 그래미상을 수상했는데 신인으로서 5개 부문에서 상을 받은 건 그래미 역사상 초유의 일이다. 이름 따라 가는가? 그녀는 알코올 의존증에 시달렸다. 에이미를 재활 병동에 넣은 사람은 다름 아닌 아버지. 그녀의 유작인 〈Back To Black〉은 21세기 영국 최고의 앨범으로 꼽힌다. 그녀는 솔 뮤직과 전자음악을 절묘하게 조합해서 소화했던 천재였다.

Rehab

by Amy Winehouse

[Chorus]
They tried to make me go to rehab
I said, "No, no, no."
Yes, I been black
But when I come back, you'll know, know, know
I ain't got the time
And if my daddy thinks I'm fine
He's tried to make me go to rehab
I won't go, go, go

I'd rather be at home with a Ray
I ain't got seventy days
'Cause there's nothin', there's nothin' you can teach me
That I can't learn from Mr. Hathaway

I didn't get a lot in class
But I know we don't come in a shot glass

[Repeat Chorus]

The man said, "Why do you think you here?"
I said, "I got no idea."
I'm gonna, I'm gonna lose my baby
So I always keep a bottle near
He said, "I just think you're depressed."
This, me, yeah, baby, and the rest

They tried to make me go to rehab
But I said, "No, no, no."
Yes, I been black
But when I come back, you'll know, know, know

I don't ever want to drink again
I just, oh, I just need a friend
I'm not gonna spend ten weeks
Have everyone think I'm on the mend

And it's not just my pride
It's just 'til these tears have dried

[Repeat Chorus]

Expression check list

rehab (마약, 알코올 등의) 재활 (치료), 재활 병동(=a rehabilitated building)

rehab center 재활 치료소

I been black 내가 계속 우울했어요
　I been은 I have been의 구어체 표현. 여기서 black은 '어두운, 침울한, 우울한'이란 뜻.

ain't got haven't got의 구어체 표현

shot glass 샷 글라스(독한 술을 마실 때 쓰는 작은 잔)

lose my baby 연인과 헤어지다

depressed 우울한

go rest go and take a rest의 줄임말

be on the mend (환자 등이) 회복하다, 차도를 보이다

Embedded context

They tried to make me go to rehab.

rehab은 rehabilitation의 줄임말.

rehab은 '재활 병동'이란 뜻으로 주로 알코올 중독자, 마약 중독자의 재활 치료를 시행하는 시설이다. 보통 10주간의 프로그램이 진행된다. 정신과 치료가 병행되기 때문에 사실상 정신병원(mental hospital)의 성격이 강하다.

Amy Winehouse는 실제 알코올 중독으로 심각한 고통을 겪었고, 2011년 결국 스스로 목숨을 끊고 세상과 결별했다. 우울증으로 인한 심각한 알코올 중독 상태였던 것이 세상에 알려졌다.

그녀에게 재활 치료를 받게 한 장본인은 바로 아버지였다(if my daddy thinks I'm fine, he's tried to make me go to rehab).

재활 병동에서의 주치의 Mr. Hathaway는 자신에게 아무런 도움이 되지 않았다(I can't learn from Mr. Hathaway)고 했다.

자신이 처한 처지(알코올 중독, 우울증) 때문에 사랑하는 연인과도 헤어지게 되는데(I'm gonna lose my baby), 그 이유는 언제나 술을 끼고 살 수밖에 없으니까(so I always keep a bottle near)라고 한다.

If my daddy thinks I'm fine, he's tried to make me go to rehab.
아버지는 내가 건강하다고 생각을 하지만, 나에게 재활 치료를 받으라고 해요.

여기 if는 though의 뜻으로 쓰였다. 아버지와 재활 치료를 받는 문제를 놓고 갈등을 빚은 것을 알 수 있다.

Amy Winehouse는 2011년 알코올 중독으로 사망했다.

24살에 6개의 그래미상 후보에 오른 천재 가수로 성공과 좌절을 동시에 맛본 비운의 주인공이었다(She's only 24 with six Grammy nominations, crashing headfirst into success and despair).

게다가 무능력한 남편은 감옥에 있었고(codependent husband in jail), 강압적인 부모와 파파라치에 시달리며 극심한 정신적 고통을 겪으며 살다가 아깝게 생을 마감했다.

에이미에 대한 세인의 평가는 양분된다. 성공한 여자 가수의 이미지가 있는가 하면, 개인적인 사생활의 문제로 파멸을 맞은 여성의 이미지도 있다. 한마디로 자기 관리가 잘못되었다는 것.

더러운 입의 소유자(filthy-mouthed person)와 철두철미한 디바(down-to-earth diva)의 상반된 평가도 받고 있다. 성공한 섹스 심벌의 이미지와 자기 절제에 실패한 불쌍한 여가수라는 평가도 받았다.

Song 21

Someone Like You
by Adele

자신을 버리고 다른 여자와 결혼한
옛 애인에게 날리는 핵 펀치 영어

본명은 Adele Laurie Blue Adkins인데 그냥 Adele이라고 한다.
이 곡이 수록된 앨범 〈21〉은 2012년에 6개의 그래미상을 그녀에게 안겨주었다.
각종 기네스 관련 기록을 갱신하며 슈퍼스타의 위치를 이어가고 있다.
이 노래는 신혼의 사랑에 젖어 있는 옛 남자 친구의 직장에 찾아간 여인의 한(恨)풀이 노래다. 복수심에 불타서 최후의 멘트를 던진다.

Artist profile

영국의 가수이자 작곡가로 1988년생. 2006년에 아델의 친구가 데모 테이프를 Myspace에 포스팅하면서 가수가 되었다. 만약에 그녀의 친구가 아니었다면 그녀의 삶은 어찌 되었을까? 2008년에 첫 번째 앨범을 내는데 제목이 〈19〉였다. 자신의 나이를 따라 지었다. 영국에서 큰 성공을 하고 2008년에 미국의 〈Saturday Night Live〉에 출연하면서 본격적으로 명성을 얻었다. 51회 그래미상 시상식에서 최우수 여성 보컬상을 받았다. 2011년에 낸 두 번째 앨범 명칭은 〈21〉. 이 앨범은 첫 번째 앨범의 성공을 크게 뛰어넘는다. 아직 어린 나이지만 2015년 현재 4,000만 장의 앨범을 판매했다. 다른 선배들이 평생을 해도 이루기 힘든 업적이다.

Someone Like You
by Adele

I heard that you're settled down
That you found a girl and you're married now
I heard that your dreams came true
Guess she gave you things I didn't give to you

Old friend, why are you so shy?
Ain't like you to hold back or hide from the light

I hate to turn up out of the blue, uninvited
But I couldn't stay away, I couldn't fight it
I had hoped you'd see my face and that you'd be reminded
That for me, it isn't over

Never mind, I'll find someone like you
I wish nothing but the best for you, too
Don't forget me, I beg, I remember you said,
"Sometimes it lasts in love, but sometimes it hurts instead."
Sometimes it lasts in love, but sometimes it hurts instead, yeah

You know how the time flies
Only yesterday was the time of our lives
We were born and raised in a summer haze
Bound by the surprise of our glory days

I hate to turn up out of the blue, uninvited
But I couldn't stay away, I couldn't fight it
I had hoped you'd see my face and that you'd be reminded
That for me, it isn't over

Never mind, I'll find someone like you
I wish nothing but the best for you, too

Don't forget me, I beg, I remember you said:
"Sometimes it lasts in love, but sometimes it hurts instead, yeah."

Nothing compares, no worries or cares
Regrets and mistakes, they're memories made
Who would have known how bittersweet this would taste?

Never mind, I'll find someone like you
I wish nothing but the best for you, too
Don't forget me, I beg, I remember you said:
"Sometimes it lasts in love, but sometimes it hurts instead."

Never mind, I'll find someone like you
I wish nothing but the best for you, too
Don't forget me, I beg, I remember you said:
"Sometimes it lasts in love, but sometimes it hurts instead."
Sometimes it lasts in love, but sometimes it hurts instead, yeah

Expression check list

settle down 정착하다, 안정된 생활을 시작하다
shy 부끄러운
hold back 뒷걸음질 치다
out of the blue 난데없이, 갑자기

I couldn't fight it 감당할 수 없어, 어쩔 수 없다
remind 기억시키다
the time flies 세월은 유수처럼 흐른다
bound 묶인
uninvited 초대받지 않은

Embedded context

I heard that you're settled down, that you found a girl and you're married now.
너는 이제 안정을 찾았다고 들었어. 여자 만나서 결혼했다더군.

어찌 보면 평범하지만, 옛 여자 친구가 불쑥 직장에 찾아와서 이런 말을 던진다면 당하는 남자의 입장은 어떨까?

Why are you so shy? 왜 그렇게 부끄러워해?

당황하는 옛 남자 친구에게 점잖게 타이른다.

Ain't like you to hold back. 뒤로 꽁무니 빼는 거 너답지 않아.

문장 첫머리에 It이 생략되어 있다. 그리고 자신의 결론을 내놓는다.

I will find someone like you. 나도 너 같은 사람 찾을 거야.

Sometimes it lasts in love, but sometimes it hurts instead.
사랑이 계속되는 한 상처는 존재한다는 그 말.

비록 널 놔주지만 난 영원히 널 잊지 못할 것. 그래서 상처를 안고 살아갈 수밖에 없다는 가슴 아픈 내용을 담고 있다. **Adele**의 이 앨범의 다른 곡들도 대부분 남자 친구와의 결별을 다루고 있다.

I hate to turn up out of the blue, uninvited.
나도 불쑥 찾아오는 거 질색이야. 초대도 안 받고서.

헤어진 연인을 잊지 못해 찾아 갔으나 그는 이미 결혼해 안정을 찾은 상태. 당황하는 옛 남자 친구를 진정시키며 cool하게(?) 보내 줄 것을 약속한다.

From Dr. Kwak

이 곡은 그녀의 두 번째 앨범 〈21〉에 수록된 것으로, Adele과 Dan Wilson의 공동 작품이다.

이 노래는 아델의 자전적 이야기이다(The song was inspired by a broken relationship of hers, and lyrically it speaks of Adele).

아델 스스로도 이 노래에 대해 다음과 같이 말했다.

"I was really emotionally drained from the way I was portraying him(나는 이 노래를 쓰며 한 남자에 대한 관심으로 인하여 감정적으로 몹시 황폐해 있었다). I had to write it to feel OK with myself and could set out of trouble in 2 years(이 곡 "Someone Like You"를 마쳤을 때 비로소 나는 안정을 찾았으며, 2년여에 걸친 사랑의 상처로부터도 벗어날 수 있었다)."

아델은 영국의 〈The Sun〉지와의 인터뷰에서 이 노래가 자신의 경험을 솔직 담백하게 표현했기에 가사는 다소 평범할 수밖에 없었다고 했다(It's simple. It came from my real experience). 그리고 자신이 만든 노래 중 가장 정교한 곡이라는 얘기도 했다(It's my most articulate song).

Song 22

Take It Easy
by Eagles

7명의 여친 사이에서 방황하는 바람둥이의 영어

원래 Take it easy.는 여러 가지의 뜻이 있다. '진지해', '편히 쉬세요', '조심해', '건강에 유의해' 등이 있다.
여기서는 Don't get excited. 즉, '진정해'라는 뜻으로, come down의 의미로 쓰였다. 여자들로 인해 골머리가 아파 피신하는 와중에도 또 다른 여성에게 눈길이 가는 ladies' man 이야기라고 할 수 있다.

Artist profile
한마디로 더 이상의 형용사가 필요없는 최고의 밴드. 5개의 No. 1 싱글, 6개의 Grammy상, 5번의 American Music Awards, 6개의 No. 1 앨범을 기록한 Eagles는 1970년대의 가장 성공적인 rock band이다. 1980년 해체 후 1994년에 재결합했다.

Take It Easy

by Eagles

Well, I'm a runnin' down the road
Tryin' to loosen my load
I've got seven women on my mind
Four that wanna own me
Two that wanna stone me
One says she's a friend of mine

Take it easy, take it easy
Don't let the sound of your own wheels
Drive you crazy
Lighten up while you still can
Don't even try to understand
Just find a place to make your stand
And take it easy

Well, I'm a standin' on a corner
In Winslow, Arizona
Such a fine sight to see
It's a girl, my Lord
In a flat-bed Ford
Slowin' down to take a look at me

Come on, baby, don't say maybe
I gotta know if your sweet love is gonna save me
We may lose and we may win
Though we will never be here again
So open up, I'm climbin' in
So take it easy

Well, I'm a runnin' down the road
Tryin' to loosen my load

Got a world of trouble on my mind
Lookin' for a lover
Who won't blow my cover
She's so hard to find

Take it easy, take it easy
Don't let the sound of your own wheels
Make you crazy
Come on, baby, don't say maybe
I gotta know if your sweet love
Is gonna save me

Oh, we got it easy
We oughta take it easy

Expression check list

run down 달려가다
loosen my load 무거운 짐을 덜다
own 소유하다
drive you crazy 너를 미치게 하다

such a fine sight to see 정말 멋진 광경
blow someone's cover (스파이·비밀 요원 등의) 정체를 누설하다
oughta = ought to
take it easy 진정하다 (=come down)

Embedded context

Don't let the sound of your own wheels drive you crazy.
너의 슬픈 차가 널 미치게 만들지 마.

너의 행동이 널 미쳐버리게 할 수도 있으니 스스로에게 **Take it easy**를 외치며 절대로 정신 줄을 놓지 말라고 한다.

7명의 여자 친구들이 있는 자리에서 당황하던 주인공은 일단 안정을 찾으려고 무작정 차를 몰고 떠난다. 그렇게 해서 도달한 곳이 **Arizona** 주 **Winslow**라고 하는 조그마한 도시이다. 그곳에서 바람기를 버리지 못하고 또다시 여인에게 눈길을 돌린다. 세 살 버릇 여든 간다 **(Once a beggar, always a beggar)**라는 속담이 딱 들어맞는 가사이다.

1972년 **Jackson Browne**과 **Glenn Frey**의 공동 작품이다. 스스로도 썩 바람직한 행동은 아니라고는 여기는 듯 다소 반성의 기미도 보인다.

I'm a standing on a corner in Winslow, Arizona. Such a fine sight to see.
애리조나 주의 윈슬로의 한 모퉁이에 서 있는데 멋진 광경이 눈에 들어온다.

7명의 여인네들의 성화에 못 이겨 도피한 곳에서 또다른 여성이 내 눈을 사로잡는다고 하니 과연 플레이보이.

From Dr. Kwak

가사 속의 Winslow는 실재하는 소도시로 이 노래에 등장하면서 일약 유명해졌다. 이 지역의 유일한 방송국 KINO는 이 노래가 유명해진 뒤로 아예 모든 프로그램의 타이틀 곡으로 사용하기까지 했다(Winslow's only radio station, KINO, has used this song as the signature song for all the programs).

사실 이 노래는 시작부터가 sense of humor와 joke로 어우러진다. 7명의 여자가 내 머릿속에 있다고 하면서 4명은 자기를 소유하려 하고, 2명은 저주하고, 1명은 친구가 되고 싶어한다고 했는데, 결국 진정한 애인이 될 수 있는 대상은 없었다. 그래서 결론을 내린다.
진정한 사랑은 역시나 찾기가 힘들다고(Looking for a lover who won't blow my cover, she's so hard to find) 하소연한다.

상업적으로 크게 성공한 Eagles는 총 1억 5천만 장의 앨범을 팔았다. 그중 1억 장이 미국 내에서 팔렸으니 미국인 3명 중 1명은 음반을 갖고 있다는 뜻이 된다.

The Sound Of Silence
by Simon & Garfunkel

기득권층의 비리를 암 덩어리에 비유한 영어

이 노래 속에는 부패한 성직자, 독자의 입맛에 맞는 글을 쓰려는 작가 등 사회의 지도층이 등장한다. 궁극적으로는 존 F. 케네디 미국 대통령의 암살을 주제로 삼고 있다 (A longstanding legend claims the song was inspired by assassination of US President John F. Kennedy).
한마디로 존 F. 케네디 대통령의 암살 배후를 밝히라는 내용을 담고 있다.

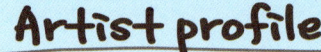

Artist profile

이들은 공식적으로는 1970년에 헤어졌다. 1981년 뉴욕의 Central Park에서의 일시적인 재결합 공연에는 50만 명이 운집했다. 역사상 일곱 번째로 많은 관객 수의 공연이었다. 1960년대를 휩쓴 반문화 운동의 기수였다. 두 사람의 음악적 견해차가 너무 커서 관계를 계속하긴 힘들었다. 초등학교 때부터 친하게 지낸 뒤 고교 시절인 1957년 "Hey, Schoolgirl"이라는 싱글을 녹음하고 Tom and Jerry라는 귀여운 stage name(무대명)으로 데뷔했다. Garfunkel은 'Tom Graph'란 예명을 썼고, Simon은 'Jerry Landis'였다.

The Sound Of Silence

by Simon & Garfunkel

Hello darkness, my old friend
I've come to talk with you again
Because a vision softly creeping
Left its seeds while I was sleeping
And the vision that was planted in my brain
Still remains
Within the sound of silence

In restless dreams I walked alone
Narrow streets of cobblestone
'Neath the halo of a street lamp
I turned my collar to the cold and damp
When my eyes were stabbed by the flash of a neon light
That split the night
And touched the sound of silence

And in the naked light I saw
Ten thousand people, maybe more
People talking without speaking
People hearing without listening
People writing songs that voices never share
And no one dared
Disturb the sound of silence

"Fools," said I, "You do not know
Silence like a cancer grows
Hear my words that I might teach you
Take my arms that I might reach you."
But my words like silent raindrops fell
And echoed
In the wells of silence

And the people bowed and prayed
To the neon god they made
And the sign flashed out its warning
In the words that it was forming
And the signs said, "The words of the prophets are written on the subway walls
And tenement halls."
And whispered in the sounds of silence

Expression check list

vision 환영, 영상

creep 기어가다, 서서히 뒤덮다

seed 씨앗

restless 안절부절 못하는, 멈추지 않는, 휴식 없는, 잠 못 자는

cobble stone 자갈, 조약돌

halo 후광, 관륜, 무리

collar 옷깃

stab 찌르다

bow 절하다

prophet 선지자, 예언가

tenement (특히 도시 빈민 지대의) 다세대 주택 (=tenement house)

whisper 속삭이다

Embedded context

Hello darkness, my old friend, I've come to talk with you again.
Because a vision softly creeping, left its seeds while I was sleeping.
내 오랜 친구 어둠이여, 안녕. 너와 또 얘기하려고 왔다네.
어떤 환영이 내게 부드럽게 다가와 내가 잠든 사이 자기 씨앗을 뿌렸어.

노래의 주인공은 밤을 무척 좋아한다. 낮에 있었던 일들이 잠자는 동안 조용히 다가와 환영을 만든다고 표현했다.

And the vision that was planted in my brain, still remains within the sound of silence.
그 환영이 나의 뇌리에 각인되어 아직도 침묵의 소리로 남아 있어.

이러한 뇌리에 각인된 환영은 침묵의 형태로 자신의 마음속에 존재한다고 말한다.

People writing songs that voices never share.
사람들은 누구의 공감도 얻지 못하는 노래를 만들고 있어.

write는 '쓰다'이지만 '곡을 만들다'라는 뜻도 있다. 여기에서는 유행 음악을 만드는 사람들이 세상의 문제를 외면한 채 사랑타령으로만 일관하는 것에 대해 안타까움을 표할 것이다.

No one dared disturb the sound of silence.
"Fools," said I, "You do not know silence like a cancer grows."
그 누구도 감히 침묵의 소리를 깰 생각을 못한 거야.
"바보들", 내가 말했지. "침묵도 암처럼 자란다는 사실을 왜 모르는 거야."

진실을 보고 외면하는 침묵을 암세포와 비교한 것이 이채롭다. 이 노래의 배경이 된 **John F. Kennedy**의 죽음을 둘러싼 문제를 놓고 보면 다분히 수긍이 가는 대목이다. 그리곤 끝으로 성직자들에 대해서도 대성일갈(大聲一喝)을 가한다. 교회 안에서 부(富)만 축적(蓄積)하지 말고 밖에 나와서 불우한 사람들을 돌보라고.

이 노래가 탄생한 배경을 모르면 전혀 이해할 수 없다. 1963년 말 미국의 희망 John F. Kennedy가 Texas의 Dallas에서 비운의 죽음을 맞는다. 마피아의 관여설 등 끊임없는 의혹이 제기되는 가운데 사인은 결국 미궁 속으로 빠진다. 유대인인 Simon과 Garfunkel은 1964년 초 이 곡을 만들면서 케네디 암살의 배후를 밝히라고 무언의 시위를 했다. 하지만 무명 가수가 부른 노래 한 곡은 그야말로 침묵 속에 사라져갔다. 그 후 영화 〈The Graduate〉(1967)에 이 노래가 삽입되면서 전 세계적으로 알려지게 되었다.

이 노래의 배경에 대한 정보는 KBS FM 〈추억의 골든 팝스〉 DJ 시절(1993~1997) 음반 속의 해설지에서 얻었다. 사이먼이 가펑클에게 보낸 편지에 케네디에 대한 내용이 수록되어 있었다. 그 뒤로 최근에 이르러 위키피디아(Wikipedia)와 Songfacts 같은 사이트를 통해 자료를 수집하면서 드디어 명약관화하게 설명할 수 있게 되었다.

이 노래는 케네디 암살 3개월 뒤에 만들어졌는데(This song was released 3 months after Kennedy's assassination), 그들의 데뷔 앨범 〈Wednesday Morning, 3 A.M.〉에 포함시키기 위해서였다.

그해 10월에 앨범이 출시됐지만 이 앨범의 흥행 실패로 두 사람은 갈라서게 된다(The album was a commercial failure and led to the duo breaking apart).

사이먼은 영국으로, 가펑클은 컬럼비아대학교로 돌아갔다(Simon returned to England and Garfunkel to his studies at Columbia University).

그러나 매사추세츠 주의 Boston과 Florida 주에 이르기까지 라디오 방송국 DJ들이 이 곡을 틀면서 다시 세간의 관심을 끌었고, 드디어 1965년 12월 빌보드 Hot 100 1위에 오르는 기염(氣焰)을 토했다.

이 곡은 사이먼이 욕실에서 작곡을 했는데, 그는 욕실의 타일에서 울려퍼지는 echo(반향 효과음)를 좋아했다. 특히 수도꼭지를 약하게 틀어놓고 흐르는 물소리를 듣는 것을 즐겼다고 한다. 그러한 분위기가 그에게 위안이 되어주었다(It was soothing to him).

Song 24

Don't You Want Me
by The Human League

자신을 키워준 매니저를 배신한 여가수의 변명 영어

술집에서 waitress와 bandleader로 일하며 만난 두 사람. 남자는 여자를 성공시키기 위해 모든 것을 포기하고 스폰서가 된다. 하지만 여자는 더 큰 성공을 위해 헤어지는 결정을 내린다.

Artist profile

휴먼 리그는 1977년에 결성된 영국의 전자음악 그룹이다. New Wave Electronic Synth-Pop 밴드로 불린다. Duran Duran, Culture Club 같은 영국 출신 그룹이 이 장르에 속한다. 처음에는 전자 신시사이저 연주자들로 팀을 구성했지만 밴드의 핵심은 보컬. Phil Oakey가 합류하면서 본격적인 밴드 형태를 갖추었다. 그 후로 많은 사람들이 탈퇴와 가입을 거듭하며 그룹은 진화했다.

Don't You Want Me

by The Human League

You were working as a waitress in a cocktail bar, when I met you
I picked you out, I shook you up
And turned you around, turned you into someone new

Now five years later on you've got the world at your feet
Success has been so easy for you
But don't forget it's me who put you where you are now
And I can put you back there too

Don't, don't you want me?
You know I can't believe it
When I hear that you won't see me
Don't, don't you want me?
You know I don't believe you
When you say that you don't need me
It's much too late to find
When you think you've changed your mind
You'd better change it back or we will both be sorry
Don't you want me, baby?
Don't you want me, oh?
Don't you want me, baby?
Don't you want me, oh?

I was working as a waitress in a cocktail bar
That much is true
But even then I knew I'd find a much better place
Either with or without you

The five years we have had have been such good times
I still love you
But now I think it's time I lived my life on my own

I guess it's just what I must do

Don't, don't you want me?
You know I can't believe it
When I hear that you won't see me
Don't, don't you want me?
You know I don't believe you
When you say that you don't need me
It's much too late to find
When you think you've changed your mind
You'd better change it back or we will both be sorry
Don't you want me, baby?
Don't you want me, oh?
Don't you want me, baby?
Don't you want me, oh?

Don't you want me, baby?
Don't you want me, oh?
Don't you want me, baby?
Don't you want me, oh?
Don't you want me, baby?
Don't you want me, oh?
Don't you want me, baby?
Don't you want me, oh?
Don't you want me, baby?
Don't you want me, oh?
Don't you want me, baby?
Don't you want me, oh?
Don't you want me, baby?

Expression check list

pick up ~을 발탁하다

shake up ~에게 충격을 주다

turn around 다시 일으켜 세우다, ~을 변신시키다

put back ~을 (원래 상태로) 되돌리다

that much is true 그만큼은 사실이다

Embedded context

Don't forget it's me who put you where you are now and I can put you back there too.
당신은 내가 만든 거야. 당신을 나락으로 떨어뜨릴 수 있는 사람도 나야.

남자가 협박에 가까운 멘트를 날린 것이다.

자신의 성공에 도움을 준 은인을 배반하는 심정 또한 편치는 않을 듯하다. 하지만 더 큰 성공을 위해서는 새로운 후원자가 필요한 것이다.

Even then I knew I'd find a much better place either with or without you.
그때도 당신이 있으나 없으나 더 좋은 직장을 구할 수도 있었다.

여자는 차분히 모든 걸 인정한다. 남자 덕에 여기까지 오게 되었다고. 하지만 더 크고 싶다며 이별을 선언한 것이다. 마지막으로 지난 5년간을 좋은 추억이었다고 술회(述懷)한다.

The five years we have had have been such good times.
지난 5년간 함께한 시간은 너무나 좋았어요.

여자는 남자에 대해서 일정 부분 고맙게 생각하고 있다. 한마디로 클럽의 **waitress**가 인기 있는 가수가 된 것은 오로지 남자의 덕이었다고 인정한다. 하지만, 이제는 떠나가야 할 때라고 한다(But now I think it's time I lived my life on my own).

From Dr. Kwak

The Human League는 1977년에 결성되었다. 1981년에 미국 시장에 진출해서 성공했는데, 이때 'Little British Invasion'이란 칭호를 들을 정도로 성공을 거두고 후에 큰 명성도 얻었다.

가수와 매니저가 연인 관계로 발전하는 것은 다반사다. 적은 규모로 시작한 뒤 소속 가수가 각광을 받으면 때론 감당할 수 없는 상황도 온다. 가수 입장에서는 좀 더 큰 물에서 놀고 싶은 것은 당연지사일 것이다. 연예계에서 흔히 발생하는 성공에 얽힌 갈등 구도를 확실하게 담고 있는 곡이다.

이 밴드는 전원이 아방가르드 스타일을 표방한 남성으로 출발했는데 1980년대 들어와서 여성 보컬 Joanne Catherall과 Susanne Sulley가 가세했다.
항간에 리더 Phil Oakey와 여성 멤버들 사이의 삼각관계설도 있었으나 크게 불거진 건 없다.
작곡가인 필 오키는 이 노래가 실제의 사건을 바탕으로 만들어진 것은 부인하지 않았다. 다만 그것이 자신의 얘기인지는 밝히지 않았다.

여성 1명 때문에 밴드 전체가 와해되는 경우는 비일비재하다. 한국에서도 1980년대에 성과를 올리던 밴드 리더가 여성 멤버의 성공에 전념하느라 음악 생활을 포기한 선례가 있었고, 그 주인공은 요즘 오락 프로에서 눈에 띄곤 한다.

Song 25

Torn Between Two Lovers
by Mary MacGregor

두 남자 사이에서 갈등하는 여자의 영어

이 곡은 새로운 남자와 만나 사랑에 빠진 여자가, 옛 남자가 자신의 품에서 떠나려 하자 비로소 만시지탄(晩時之歎)의 변(辯)을 늘어놓으며 한사코 말리고 있는 내용이다.

Artist profile

Mary MacGregor는 1948년생의 미국 가수. 이 노래로 대스타가 되는데 1976년에 빌보드 차트 1위에 2주간 머물렀다. 6세 때부터 피아노를 배우고 청소년 시절부터 밴드 활동을 했으니 될성부른 나무였나 보다. 미네소타 대학에 들어가면서 전국 투어를 시작했는데, 물론 유명 밴드들의 오프닝 공연이었다. 이때 작곡가 Peter Yarrow의 눈에 띄어서 이 곡을 받게 되었고 대스타가 되었다. 아무리 실력이 좋아도 누군가에게 인정을 받지 못하면 크게 성공할 수가 없다. 좋은 작곡가를 만난 것 또한 가수로서 성공하는 필수 불가결한 요인이다.

Torn Between Two Lovers

by Mary MacGregor

There are times when a woman has to say what's on her mind
Even though she knows how much it's gonna hurt
Before I say another word, let me tell you, "I love you."
Let me hold you close, and say these words as gently as I can
"There's been another man that I've needed and I've loved,
But that doesn't mean I love you less,
And he knows he can't posses me, and he knows he never will,
There's just this empty place inside of me that only he can fill."

Torn between two lovers, feelin' like a fool
Lovin' both of you is breakin' all the rules
Torn between two lovers, feelin' like a fool
Lovin' you both is breakin' all the rules

You mustn't think you failed me just because there's someone else
You were the first real love I ever had,
And all the things I ever said I swear they still are true
For no one else can have the part of me I gave to you

Torn between two lovers, feelin' like a fool
Lovin' both of you Is breakin' all the rules
Torn between two lovers, feelin' like a fool
Lovin' you both is breakin' all the rules

I couldn't really blame you if you turned and walked away
But with everything I feel inside, I'm asking you to stay

Torn between two lovers, feelin' like a fool
Lovin' both of you is breakin' all the rules
Torn between two lovers, feelin' like a fool
Lovin' you both is breakin' all the rules

Torn between two lovers, feelin' like a fool
Lovin' both of you is breakin' all the rules
Torn between two lovers, feelin' like a fool
Lovin' you both is breakin' all the rules

Expression check list

torn 찢겨진
what's on your mind 무슨 생각을 하고 있는지
hold someone close ~를 꽉 잡다
possess 소유하다
fill 채우다

empty place 빈 자리
break the rules 규칙을 어기다
swear 맹세하다
gently 우아하게
blame 원망하다
walk away 떠나다, 가버리다

Embedded context

There's been another man that I've needed and I've loved.
But that doesn't mean I love you less.
다른 남자가 있었어요. 내가 필요로 했고 사랑했던 남자가.
그렇다고 당신을 덜 사랑한단 말은 아니에요.

새로 만난 로미오 못지않게 과거의 남친도 놓치기 싫은 욕심 많은 여인이다. 비록 바람을 피워서 새로운 남자를 만나고 있지만 결코 당신에 대한 사랑이 덜한 것은 아니라고 한다.

There's just this empty place inside of me that only he can fill.
내 가슴속엔 오직 그 사람만이 채울 수 있는 빈 자리가 있습니다.

새로운 남자를 만난 이유는 단지 당신이 채워주지 못한 빈 자리 때문이라고 엉뚱한 변명을 늘어놓는다.

You mustn't think you failed me just because there's someone else.
다른 남자가 있다고 해서 나와의 사랑에 실패했다고 생각지 마세요.

필자의 입장에서도 이 여성이 참 얄밉게 느껴진다. 옛 남자를 배신하고 새로운 남자를 만났는데, 옛 남자 친구에겐 '너무 상심 마라'고 하니 난감할 수밖에 없다. 그러고는 엉뚱한 얘기가 이어진다.

No one else can have the part of me I gave to you.
내가 준 사랑을 대신할 여자는 없을 거예요.

어떤 다른 여자도 날 대신할 수 없다는 자신감은 도대체 어디서 나왔는가?

I feel inside, I'm asking you to stay.
내게 남아 달라 이렇게 부탁하는 거예요.

하지만 그녀의 마지막 결론은 머물러 달라는 것이다.

From Dr. Kwak

아이러니하게도 이 노래를 부른 주인공 메리 맥그리거(Mary Macgregor)는 이 곡의 히트와 함께 가정이 깨지는 아픔을 맛봤다. 노래 가사처럼 제3자가 생긴 건지는 알 수 없으나 훗날 그녀는 *People*지와의 인터뷰에서 그런 사실에 대해 시인하는 듯한 말을 했었다. 투어로 인해 집을 비우는 일이 많아지면서 남편과 소원해졌고 동시에 자신의 스케줄을 관리하는 매니저와 가까워졌다고 한다. 그러나 남편에 대한 사랑이 식은 것은 아니어서 계속 결혼을 유지하고 싶었지만 뜻대로 되지 않았다고 했다.

포크 뮤직 그룹 Peter, Paul & Mary 출신의 Peter Yarrow가 소설 〈Dr. Zhivago〉를 읽고 영감을 받아서 쓴 곡이다. 원래는 남자 가수에게 주려고 했던 곡이었다고 한다. 가수가 여성으로 정해지면서 스토리가 바뀌었다.

이 노래의 성공은 상당 부분 노랫말에 기인한다. 노래를 듣는 많은 사람들이 자신의 처지를 가사에 감정이입(感情移入)시킨 경우가 많아서였다(This song was successful because it appeared to listeners who had found themselves in the situation described in the lyrics)고. 생각보다 삼각관계에 빠진 사람들이 많은 것일까?

Song 26

Imagine
by John Lennon

무정부주의자와 무신론자를 자처하는 남자의 영어

이 곡이 영화 〈The Killing Fields〉(1984)에 삽입되면서 마치 '평화의 메시지의 본령(本領)'처럼 알려진 것은 사실이지만, 노래의 내용만 놓고 본다면 꼭 그런 것만은 아니다. 종교도 무시하고 국가의 존재 자체도 부정함으로써 무신론자, 무정부주의자임을 자처하는 내용이 주를 이루고 있다. 고인이 된 스타의 노래라고 해서 무조건적으로 추앙하고 긍정적으로 해석하는 것은 옳지 않을 것 같다.

Artist profile

Paul McCartney와 함께 인류 역사상 가장 위대한 밴드를 만들어낸 사람, John Lennon. 특히 폴 매카트니와는 작사, 작곡에서 훌륭한 조합을 이루었다. 비틀스는 1960년에 결성되어 10년 만인 1970년에 해체되었다. 비틀스와 결별한 뒤 존 레넌은 강력한 정치성을 띠게 된다. 1971년에 아예 맨해튼으로 거처를 옮겨서 본격적인 반전 활동에 돌입하는데 그의 노래들 중 몇 곡이 반전 운동의 주제가처럼 쓰이기도 했다. 당연히 닉슨 행정부에는 눈엣가시로 여겼다.

Imagine

by John Lennon

Imagine there's no heaven
It's easy if you try
No hell below us
Above us only sky

Imagine all the people
Living for today

Imagine there's no countries
It isn't hard to do
Nothing to kill or die for
And no religion, too

Imagine all the people
Living life in peace, you

You may say I'm a dreamer
But I'm not the only one
I hope someday you'll join us
And the world will be as one

Imagine no possessions
I wonder if you can
No need for greed or hunger
A brotherhood of man

Imagine all the people
Sharing all the world, you

You may say I'm a dreamer
But I'm not the only one

I hope someday you'll join us
And the world will live as one

Expression check list

- **imagine** 상상하다
- **hell** 지옥
- **nothing to kill or die for** 죽이거나 죽을 명분도 없다
- **religion** 종교
- **dreamer** 몽상가
- **possessions** 소유물
- **hunger** 굶주림
- **greed** 탐욕, 욕심
- **brotherhood** 형제애

Embedded context

Imagine there's no heaven. It's easy if you try.
천국이 없다고 상상해 봐요. 하려고만 하면 그다지 어렵지 않을 거예요.

천국이 없는 상황을 너무 의아해하지 말고 한번쯤 그려보려 한다면 그다지 어려운 일이 아니라는 뜻.

No hell below us, above us only sky.
발밑에는 지옥이 없고, 머리 위에는 하늘만 펼쳐 있다.

I hope someday you'll join us.
그대, 언젠가 우리와 함께 하길 바라고 있어요.

언젠가는 당신도 나와 같은 생각을 가지게 되어 나의 의견에 동참하게 되리라고 믿는다는 의미이다.

Imagine no possessions.
아무것도 소유하지 않는다고 상상해 봐요.

재산 같은 것이 없다고 상상해 보라는 말은 모든 사람들이 아무런 것도 소유하지 않고 있다고 생각해 보라는 뜻이다.

Imagine all the people sharing all the world.
상상해 봐요, 모든 사람들이 이 세상에 함께하는 모습을.

From Dr. Kwak

John Lennon은 동료들에게 사람들을 갈라놓은 것, 즉 종교, 소유 등이 존재하지 않는 곳을 상상해보기를 거론했다(He asked his friends to imagine a place where things that divide people-religion, possessions, etc.-did not exist).

"Imagine"은 존 레넌의 싱글 중 가장 성공한 작품이다. 이 곡은 한마디로 노랫말 자체만 보면 지극히 고상하고 품위 있는 노래이다.

국경 없이 세계가 하나가 되고(a world without borders) 물질 만능의 세계에서 벗어나 인간 본연의 자세로 돌아가자(the focus of humanities should be living a life without material possessions).

그러나 세상이 그렇게 이상주의자의 꿈대로 이루어지진 않는다. 어느 순수한 Artist의 소망에 그쳤다. 지금의 세계 곳곳에서 벌어지는 일들은 어쩌면 인류 최후의 날(doomsday)을 예고하는 듯 보이기도 한다. 중동에서의 IS의 만행과 인류 문명의 초석인 Greece의 경제 위기 등을 보면서 드는 생각이다.

이 노래는 강렬한 정치적 메시지를 담고 있다(This song has a strong political message). 단, 아름다운 멜로디로 멋지게 포장되어 있는 것이 특징이다. 존 레넌은 부드러운 메시지만이 좀 더 많은 사람들에게 어필할 수 있다고 믿었던 것 같다.

영화 〈Forrest Gump〉(1994)에서 Tom Hanks가 TV에 출연해 이 노래의 가사(no religion, no possessions)에 대해서 존 레넌과 이야기하는 장면이 나온다.

사실상, 공산주의자와 무정부주의자는 양립할 수 없다. 존 레넌이 no possessions를 주장한 것은 자본주의를 부정하는 태도인데, no countries를 통해 추진함으로써 무정부주의자의 성향도 보여주었다.

존 레넌과 두 번째 일본인 아내 Yoko가 1971년에 함께 만든 음악이다. 이 곡은 20세기에 가장 많이 연주된 곡 중의 하나이다. 21세기에 미국음반산업협회(RIAA)가 선정한 Best 365곡 중 30위에 랭크되었다. 2004년 Rolling Stone지는 '위대한 팝송 500선'에 이 곡을 3위에 올렸다. 얼마만큼 대단한 곡인지 설명하는 대목이다.

Song 27

I Don't Like To Sleep Alone
by Paul Anka

**절대로 혼자 잠자리에 들 수 없는 남자의
몸부림치는 고독박멸(孤獨撲滅)의 영어**

Paul Anka가 1970년대 중반에 발표했으며, 고독박멸 운동의 대명사가 된 노래이다. 고독한 남녀의 몸부림이 가사에 그대로 녹아 있다.

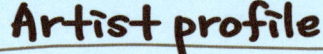

Artist profile

Paul Anka는 캐나다 국적이다. 그러나 그의 모습을 자세히 보면 중동 사람들과 닮았다. 뜻밖이다. 아버지는 시리아, 어머니는 레바논 출신이다. 당연히 이민자 가정 출신으로 노래에 대한 소질도 있었지만 그의 가수 데뷔는 의외의 사건에 기인한다. 이모네 집에 놀러갔다가 조카를 돌보던 보모, 토론토 대학교 학생 Diana에게 반해서 그녀에게 선물을 하려고 만든 노래가 바로 공전의 히트를 기록한 "Diana"이다. 1990년에는 미국 국적을 취득해서 미국인이 되었다. 작곡가, 가수, 배우, 프로듀서로서 평생을 예술가로 살아온 폴 앵카에게 경의를 표하고 싶다.

I Don't Like To Sleep Alone

by Paul Anka

I don't like to sleep alone
Stay with me, don't go
Talk with me for just a while
So much of you to get to know

Reaching out touching you
Leaving all the worries all behind
Loving you the way I do
My mouth on yours and yours on mine

Marry me, let me live with you
Nothing's wrong and love is right
Like a man said in his song
"Help me make it through the night"

Loneliness can get you down
When you get to thinkin' no one cares
Lean on me
(And I'll lean on you)
Together we will see it through

No, I don't like to sleep alone
Sad to think some folks do
No, I don't like to sleep alone
No one does, do you?

(I don't like to sleep alone)
No one does, do you?

Expression check list

stay 머무르다

for a while 잠시 동안

leaving all the worries behind 모든 근심을 뒤로하고

reach out 손을 뻗다

loneliness 외로움

see through ~을 해결하다

Embedded context

Loving you the way I do.
My mouth on yours and yours on mine.
나만의 방식으로 사랑하리라. 입과 입이 하나가 되도록.

참으로 민망하기 이를 데 없는 가사이다. 그러나 어쩌랴? 농도 짙은 애정 공세를 통해 남자는 여자에게 호소한다. 고독은 좋은 것이 아니라고 하며 계속해서 자신과 함께 외로운 밤을 보내자고 한다.

Marry me, let me live with you.
나와 결혼해 주세요. 그대와 같이 살게 해주세요.

고독에 사무쳐 함께 고독박멸 전선에 투신할 것을 종용하며, 그대와 동거라도 하겠다고 한다.

Help me make it through the night.
이 밤을 함께 지낼 수 있도록 도와주세요.

특히 재미있는 구절이 바로 이 부분인데, 영화배우이자 가수인 **Kris Kristofferson**의 역작 **Hit song**의 제목까지 인용하여 '제발 이 밤을 즐겁게 지낼 수 있도록 도와주세요 **(Help Me Make It Through The Night)**'라고 노래한 친구가 있듯이 누구나 다 그런 게 아니겠느냐, 당신은 안 그런가 하고 하소연한다.

Loneliness can get you down.
When you get to thinking no one cares.
외로움은 그대를 우울하게 한다. 아무도 날 신경쓰지 않는다는 생각이 들기 시작했을 때.

사랑만 제대로 이루어진다면 만사형통이련만. 고독이란 피할 수만 있다면 좋은 것이라는 주장을 서슴지 않는다.

From Dr. Kwak

Paul Anka는 특히 Frank Sinatra의 대표곡 "My Way"(원래는 샹송)에 가사를 붙여 히트시켰다(He did English lyrics for Frank Sinatra's signature song, "My Way").

폴 앵카는 특히 방송 역사상 최고의 토크쇼로 회자되는 〈The Tonight Show〉의 주제가를 작곡하기도 했으며, Tom Jones의 대히트곡 "She's A Lady"를 작곡하기도 했다.

팝송에 나타난 인문학 엿보기

이 노래에는 기호학에서 다루는 상호 텍스트성(intertextuality)의 요소가 있다.

우리가 평소에 아무리 참신한 얘기를 한다고 해도 결국에는 이전에 존재하는 무수한 이야기들과 관련이 있을 수밖에 없다. '모든 텍스트는 다른 텍스트의 수용이면서 또 한편 다른 텍스트에 대한 응수(réplique)이다!'

러시아의 문예학자 바흐친(Bakhtin)은 "인간의 삶은 자신의 이야기와 남의 이야기가 서로 섞이는 상호 교차적인 대화의 과정"이라고 했다.

폴 앵카는 노래 속에서 또 다른 팝송 "Help Me Make It Through The Night"(by Kris Kristofferson)를 인용함으로써 드라마틱한 효과를 꾀했다.

Song 28

Rose Garden
by Lynn Anderson

화려한 생활을 꿈꾸는 아내에게
진정한 행복의 의미를 알려주는 남자의 영어

노래 속의 Rose Garden은 단순한 '장미의 정원'이 아닌 '화려한 상황', '풍요로운 상황'을 뜻한다.

1970년 미국의 컨트리 가수 Lynn Anderson이 부른 노래인데, 컨트리와 팝 차트를 동시에 석권했었다. 컨트리 여가수 중 최초로 플래티넘 앨범을 기록했다. 더욱 놀라운 것은 이 앨범의 인기가 통상적인 앨범 수명을 뛰어넘어서 10년 이상 인기리에 전 세계에서 팔려 나갔다는 사실이다.

얼마나 많은 팬들의 호응을 받았는가를 상상하게 한다. 왜일까? 바로 가사 때문이다. 오랫동안 명곡의 위치를 지키려면 노랫말이 좋아야 한다.

Artist profile

Lynn Anderson는 1947년생으로, 무엇보다도 그녀 하면 떠오르는 곡은 "Rose Garden"인데 원래는 '(I Never Promised You A) Rose Garden'이었다. 12개의 1위 곡과 18개의 Top 10 히트 곡, 50개의 Top 40 히트 곡을 갖고 있는 스타 중의 스타이다. 그녀가 받은 상은 다 거론할 수 없을 정도로 많다. 그래서일까, 미국인들이 가장 사랑하고 존경하는 컨트리 여성 가수이기도 하다. 2015년 7월에 심장마비로 사망했다.

Rose Garden

by Lynn Anderson

I beg your pardon
I never promised you a rose garden
Along with the sunshine
There's gotta be a little rain some time
When you take you gotta give, so live and let live
Or let go oh-whoa-whoa-whoa
I beg your pardon
I never promised you a rose garden

I could promise you things like big diamond rings
But you don't find roses growin' on stalks of clover
So you better think it over
Well, if sweet-talkin' you could make it come true
I would give you the world right now on a silver platter
But what would it matter
So smile for a while and let's be jolly
Love shouldn't be so melancholy
Come along and share the good times while we can

I beg your pardon
I never promised you a rose garden
Along with the sunshine
There's gotta be a little rain some time

I beg your pardon
I never promised you a rose garden

I could sing you a tune and promise you the moon
But if that's what it takes to hold you
I'd just as soon let you go
But there's one thing I want you to know

You better look before you leap, still waters run deep
And there won't always be someone there to pull you out
And you know what I'm talkin' about
So smile for a while and let's be jolly
Love shouldn't be so melancholy
Come along and share the good times while we can

I beg your pardon
I never promised you a rose garden
Along with the sunshine
There's gotta be a little rain some time
I beg your pardon
I never promised you a rose garden

Expression check list

rose garden 안락한 생활
live and let live 각각의 삶의 방식을 인정하다
I beg your pardon 미안하다, 죄송하다
stalk 줄기
come true 실현되다

share 나누다, 공유하다
still waters run deep 고요한 물이 깊다
pull out 꺼내다
leap 훌쩍 뛰다
tune 노래

Embedded context

When you take you gotta give.
무언가를 얻고 싶을 땐 당신도 베풀어야죠.

인생은 때로는 행복(sunshine)이 때로는 고통(pain)이 서로 교차하며 나타나는 것이다. 이 노래 속에 등장하는 경구(警句), 모든 일은 'give and take'. 인생은 서로 주고받는 것인데, 왜 당신은 나에게 끊임없는 사랑을 일방적으로 요구하느냐는 뜻이다.

Live and let live. 서로 너무 자기 방식에 집착하지 말아요.

하나의 속담으로, 자기 일에만 신경 쓰고 타인의 일은 그들이 처리하도록, 그들이 원하는 대로 내버려 두라는 의미이다.

I could promise you things like big diamond rings.
그대에게 큰 다이아몬드 반지 같은 건 약속할 수 있어요.

'쓸데없는 약속은 안 하겠다'는 뜻으로, 말로는 다이아몬드 반지를 사주겠다고 할 수 있지만 현실적으로 불가능하기 때문에 그런 공수표는 날리지 않겠다고 한다.

I could sing you a tune and promise you the moon.
그대에게 사랑의 노래를 불러줄 수도 있고 달도 따다 드리겠다고 약속할 수는 있지요.

할 수는 있지만 결국은 안 하겠다, 못 하겠다고 한다. 이는 전부 가정법 과거 문장이므로 현실적으로 불가능한 사실을 표현한 것이다.

You better look before you leap.
강물을 뛰어넘기 전에 잘 살펴보아요.

안분지족(安分知足)의 삶을 살아가라고 가르쳐준다.

From Dr. Kwak

Frank Sinatra의 노래 "My Way"에 다음과 같은 가사가 나온다.

When I bit off more than I could chew(내가 분에 넘치는 행동을 했을 때는), Spit it out(즉시 뱉어내다).

즉, 자신의 본분에 충실했다는 내용을 담고 있다.

물론 두 곡은 부른 사람의 상황이 다르다. 인생을 관조하는 노인과 이제 막 신혼 생활을 시작한 젊은이들을 비교하는 것 자체가 무리이다. 하지만 Look before you leap에서 보듯이 물에 뛰어들 때는 패기만 갖고는 곤란하다고 말해주고 있다. 깊이를 가늠해보고 내가 헤엄칠 수 있는 가능성에 대해 깊이 숙고해보라는 것이다.

이 곡은 원래 1969년 Joe South가 작곡했고 여러 가수가 불렀으나 Lynn Anderson의 버전이 최고의 인기를 누린다. 린이 이 곡을 부르고자 했을 때 제작자이자 남편인 Glenn Sutton은 망설였다. 가사에서 보듯이 '남성이 여성을 향해 충고하는 내용'을 담고 있었기 때문이다.

특히 '당신에게 큰 다이아몬드 반지도 약속할 수 있어(I could promise you things like big diamond rings)'란 부분에서 확실히 두드러진다. 그러나 린이 끝까지 고집을 꺾지 않아 가사 내용과는 상반되지만 여자 가수가 불렀는데 크게 히트했다.

이 노래가 공전의 대히트를 기록한 것은 멋진 멜로디와 가수의 가창력에 있음은 부인할 수 없다. 하지만 노랫말에 나타난 인생의 교훈이 많은 팬들의 마음을 사로잡았음이 틀림없다. 일례로 45년이 흐른 지금 Novelty Pops로 한국의 팝 팬들에게 멋진 영어 교육 소재를 제공하는 것을 들 수 있다.

이 노래는 결국 린 앤더슨의 대표 곡이자 1970년대를 화려하게 수놓은 주옥같은 노래가 되었다(The song became Anderson's signature tune and was one of the biggest hits of the 1970s).

Song 29

Take My Breath Away
by Berlin

**첫눈에 반해서 숨이 막혀
어쩔 줄 모르는 남자의 영어**

제목을 직역하면 '내 숨을 가져가세요'지만 뜻밖에도 '(당신에게) 반했어요'의 뜻이다. 영화 〈Top Gun〉(1986)의 주제가이다. Giorgio Moroder가 작곡했다. 그 해 아카데미 영화 주제가상을 수상했으며, 〈Top Gun〉의 사운드 트랙 중에서 처음 싱글 커트된 곡이다. 그리고 빌보드 1위를 했으며, 영국, 캐나다, 네덜란드에서도 크게 사랑받았었다. 명곡도 감상하면서 자연스럽게 Colloquialism을 익힐 수 있는 노래이다.

Artist profile

Berlin는 1979년에 결성된 3인조 록 밴드이며, John Crawford, Terry Nunn과 David Diamond가 멤버이다. 1980년 1집 〈Information〉으로 데뷔한 뒤 꾸준한 인기를 누리다가 〈Top Gun〉의 love theme "Take My Breath Away"로 아카데미 영화 주제가상을 수상했다.

Take My Breath Away

by Berlin

Watchin' every motion in my foolish lover's game
On this endless ocean, finally lovers know no shame
Turnin' and returning to some secret place inside
Watchin' in slow motion as you turn around and say

Take my breath away
Take my breath away

Watchin', I keep waiting, still anticipating love
Never hesitatin' to become the fated ones
Turnin' and returning to some secret place to hide
Watchin' in slow motion as you turn to me and say, my love

Take my breath away

Through the hourglass I saw you
In time you slipped away
When the mirror crashed, I called you
And turned to hear you say
If only for today, I am unafraid

Take my breath away
Take my breath away

Watchin' every motion in this foolish lover's game
Haunted by the notion, somewhere there's a love in flames
Turnin' and returning to some secret place inside
Watchin' in slow motion as you turn to me and say

Take my breath away
My love, take my breath away

My love, take my breath away, my love
My love, take my breath away

Expression check list

foolish 바보 같은	**hesitating** 망설이는
finally 궁극적으로	**hourglass** 모래시계
shame 수치심	**slip away** 사라지다
hide 숨기다	**unafraid** 두려워하지 않는
anticipating 기대에 가득찬	**haunt** 뇌리에 떠오르다

Embedded context

Watching every motion in my foolish lover's game.
내 바보 같은 사랑놀이의 움직임 하나하나를 지켜보다.

사랑을 하면 누구나 바보가 된다는 의미이다.

On this endless ocean, finally lovers know no shame.
끝없는 바다 위, 연인들은 부끄러움을 모두 잊습니다.

바다 한가운데서 둘만의 사랑을 나눈다는 시적인 표현이다.

Turnin' and returning to some secret place inside.
물결은 은밀한 곳으로 바뀌어 흐른다.

물결이 두 사람만의 은밀한 장소를 제공해준다는 의미로 해석할 수 있다.

Take my breath away.
그대가 내 마음을 사로잡아요.

여기서는 명령문이 아니라 문맥상 문장 첫 머리에 You가 생략된 것. '나는 당신에게 반했다'는 것을 빗대어 표현한 것이다. '숨이 콱 막히는 것'에 비유.

Never hesitatin' to become the fated ones.
운명적인 사랑을 나누는 주인공이 되기를 주저하지 않는다.

Haunted by the notion, somewhere there's a love in flames.
이 세상 어디엔가 불꽃같은 사랑이 존재해서 곧 나의 뇌리를 덮칠 것이다.

From Dr. Kwak

팝송은 colloquialism 학습의 소재이다!

　colloquialism(구어체 표현)은 단어나 숙어로서 일상적인 상황에서 자연스럽게 쓰이는 형태이다. informal language라고도 한다. 이 용어는 writing과 구분하여 speech에 관련하여 사용되는 용어이다. formal speech나 formal writing에서 쓰이는 표현과 차이가 많다.

　속어(slang)도 colloquial expression에 포함되지만 중요한 요소는 아니다. 다른 용어로는 natural language라고도 한다.

　문법과 단어도 무관해서 확고한 독해 실력을 갖추고도 막상 회화에 어려움을 느끼는 이유는 colloquial expression에 대한 이해가 부족하기 때문이다. '네게 반했다'를 I am fascinated by you.라고 해도 되지만 구어체 표현으로 You take my breath away.라고 표현해야 150% 전달되는 것이다.

　이 노래는 구어체 표현 Take my breath away로 시작과 끝을 본다고 해도 과언이 아닐 정도로 노래 전체 분위기를 좌우한다. Take my breath away는 다음과 같이 활용해볼 수 있다.

A **Have you been to Jeju Island?** 제주도에 가봤나요?

B **No, what's it like?** 아니. 어떤데?

A **Take your breath away!** 환상적이야!

　Pop song은 연음과 끊어읽기 학습 외에 colloquial expression 습득의 소재가 된다.

　또 어떤 이가 중국 상해에서 100층짜리 WTC(World Trade Center)를 보고 왔다고 가정해 보자.

A **Where have you been?** 너 어디 다녀왔어?

B **I have been to China. I saw the skyscraper in Shanghai.**
중국에 갔었어. 상하이에서 마천루를 봤어.

A **Really? What's it like?** 정말? 어땠는데?

B **Take your breath away!** 깜짝 놀랄 거다!

Song 30

Have You Ever Seen The Rain?
by CCR

사회에 뿌리 깊게 배어 있는 부조리에 대한 일갈 영어

이 노래의 가사 중에 'Sun is cold and rain is hard'란 부분이 있다. '태양은 차갑고 비는 뜨겁다'라고 하면서 이 사회가 거꾸로 돌아가고 있다고 한탄한다. 1970년대의 베트남 참전 반대 운동, 인종 문제, 양심수 문제 등과 관련된 사회 부조리를 정면으로 비판하고 있다.

Artist profile

John Fogerty 형제와 나머지 두 명의 멤버로 시작한 CCR(Creedence Clearwater Revival)은 최근까지도 팀의 명칭을 누가 쓰느냐 하는 문제로 소송을 했었다. 결과는, 모두 패배자가 되었다. 실질적으로 CCR의 주도적인 역할을 했던 John Fogerty도 못 쓰고, 나머지 멤버들은 CCR에서 R이 원래는 revival인데, 이를 revisited로 바꿔서 사용한다. 그래도 그들은 1960년대 후반과 1970년대를 풍미한 컨트리 록 밴드의 전설이다.

Have You Ever Seen The Rain?
by CCR

Someone told me long ago
There's a calm before the storm
I know; it's been comin' for some time
When it's over, so they say
It'll rain a sunny day
I know; shinin' down like water

I want to know
Have you ever seen the rain?
I want to know
Have you ever seen the rain
Comin' down on a sunny day?

Yesterday and days before
Sun is cold and rain is hard
I know; been that way for all my time
'Til forever, on it goes
Through the circle, fast and slow
I know; it can't stop, I wonder

I want to know
Have you ever seen the rain?
I want to know
Have you ever seen the rain
Comin' down on a sunny day?

Yeah!

I want to know
Have you ever seen the rain?
I want to know

Have you ever seen the rain
Comin' down on a sunny day?

Expression check list

calm 고요, 평정, 침착

storm 폭풍우

wonder ~을 궁금해하다

for some time 일정기간 동안

it's over 끝나다

on a sunny day 햇살 가득한 날에

circle 원형

shine down 빛나다

Embedded context

There's a calm before the storm.
폭풍 전에는 고요하다.

이 노래는 1971년 베트남 전쟁이 한창이던 중에 만들어졌다.

많은 사람들이 이 노래의 가사를 베트남전에 대한 의미를 담고 있다고 추측했다(Some have speculated that the song's lyrics are referencing the Vietnam War).

It's been comin' for some time.
그 고요가 오고 있다.

언제 어떤 일이 터질지 모르는 일촉즉발의 위기 상황이 늘 자신에게는 일상이 되어왔다는 뜻이다.

When it's over, so they say, it'll rain a sunny day.
고요가 끝나면 그들은 말하죠. 맑은 날 비가 내릴 것이라고.

베트남 전쟁에서 죄없는 젊은이들이 죽어가는 것을 묘사한 것이다.

Have you ever seen the rain comin' down on a sunny day?
당신은 그 비를 보신 적이 있나요. 화창한 날에 내리는 비를?

coming down~을 간과하고 단지 **have you ever~**만 갖고 '비를 보셨나요?'식으로 이해하다 보니, 마치 비오는 날 꼭 이 노래를 들어야 하는 것으로 착각할 수 있다.

Sun is cold and rain is hard.
태양은 차갑고 비는 뜨거웠어요.

비는 차갑고 태양은 뜨거워야 하는데 정반대의 형국이 되었다. 있을 수 없는 일이 벌어지고 있는 것이다. 실로 억울하고 분한 일들이 이 세상에 얼마나 많이 존재하는가?

Through the circle, fast and slow.
원처럼 빨리 그리고 천천히.

단지 빠르고, 느리다는 속도의 차이일 뿐, 이 사회에서 부조리는 어느 곳에나 만연하다는 것을 내포하고 있다.

From Dr. Kwak

'아침 이슬'(김민기)과 "Have You Ever Seen The Rain?"

'아침 이슬'은 1970년대 독재에 항의하는 젊은이들의 상징적인 노래이다. 하지만, 정작 이 곡을 만든 김민기(金珉基, 1951~)는 노래의 배경에 대해 소상히 밝힌 적이 없다. 그의 또 다른 노래 '친구'처럼 단순히 멀리 세상을 떠난 친구에 대한 진혼가일지도 모른다. 그러나 "text는 저자의 손을 떠나는 순간 독립하며, 그 자리에서 독자가 탄생한다(롤랑 바르트)"고 한다.

CCR의 리더 John Fogerty는 인터뷰에서 이 노래의 가사가 CCR의 해체와 친형 Tom Fogerty와의 결별을 암시하는 것이라고 했었다(Fogerty himself has said in interviews and prior to playing the song in concert that the song is about rising tension within CCR and the imminent departure of his brother Tom from the band).

이 노래가 월남전을 반대하는 시위대의 애창곡이 되면서 얘기는 달라졌다. 소위 '데모가(歌)'가 된 것이다. 슬픈 노래이다. 세상이 거꾸로 돌아간다고 한탄한다. 억울한 일을 겪은 사람이 들으면 언제 어디서라도 공감대가 형성되는 노래이다.

이 노래가 영화 속에서 개성을 한껏 발휘해주는 것도 이채롭다. 영화 〈Philadelphia〉에서 Denzel Washington이 동료에게서 동성애를 느끼는 장면에서 배경음악으로 나온다.

CCR은 Creedence Clearwater Revival이라는 의미에서 보듯이 맑은 물을 돌려달라는 신념을 가진 자들이 만든 밴드이다. 여기서 Clearwater는 단순히 '맑은 물'이란 의미를 넘어서 평화, 진실, 정의까지 미친다. 그들의 노래는 가사가 직설적이고(straightforward), 생생하면서(vivid), 몰아붙이는(demanding) 요소를 갖고 있다.

처음 밴드가 결성된 1961년은 베트남전이 막 발발했던 때였는데, 그들은 반전 정서(antiwar sentiment)에 대한 주장을 일관되게 펼쳤다. 이 노래처럼 자유와 정의를 위해 투쟁하다 곤욕을 치르는 정치범, 양심수들을 옹호하고 그들의 존재를 알리는 노래로 많이 불렀다. 그렇다고 해서 이들의 노래가 시사적인 내용으로 일관하며 재미가 없는 것은 아니었다. 1960년대의 대표적 rock and roll 밴드로서 마치 시대를 기만(?)하는 듯하면서도 아름답고 사랑스런 음악을 조금 부자연스럽게 팬들에게 전달했다.

Alone Again (Naturally)
by Gilbert O'Sullivan

여자 친구의 변심에 충격 받고
자살을 결행하는 남자의 영어

여자 친구로부터 결별을 통보받고 자중지란(自中之亂)에 빠진 나머지 결국 자살이라는 특단의 조치를 취할 수밖에 없는 젊은이의 애환을 그렸다. 그러나 이 세상에 존재하는 진정한 슬픔은 따로 있었으니, 그것은 바로 부모님과의 이별이다.

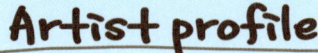

Gilbert O'Sullivan은 아일랜드 출신 가수로 주로 영국에서 활약했다. 본명은 Raymond Edward O'Sullivan이며, 1946년에 태어났다. 그의 히트곡은 "Alone Again", "Clair", "Get Down" 등이 있다. 1972년에는 영국 최고의 가수로 뽑혔는데 그의 전성기의 인기를 가늠해볼 수 있는 통계이다. 국제적인 명성도 만만치 않다. 16개의 Top 40 히트 곡과 6개의 1위 곡을 갖고 있다. 이 곡은 길버트의 유일한 미국 차트 1위 곡이다. 단숨에 200만 장이 팔렸고 6주간 차트에 머물렀다. 3개 부문의 그래미 상 후보에 올랐으며, 1971년에 미국에서는 Don McLean의 "American Pie" 다음으로 많은 음반 판매고를 기록했다.

Alone Again (Naturally)

by Gilbert O'Sullivan

In a little while from now
If I'm not feeling any less sour
I promise myself to treat myself
And visit a nearby tower
And climbing to the top
Will throw myself off
In an effort to
Make it clear to whoever
Wants to know what it's like when you're shattered

Left standing in the lurch at a church
Were people saying, "My God, that's tough
She stood him up!
No point in us remaining
We may as well go home."
As I did on my own
Alone again, naturally
To think that only yesterday

I was cheerful, bright and gay
Looking forward to who wouldn't do
The role I was about to play?
But as if to knock me down
Reality came around
And without so much as a mere touch
Cut me into little pieces
Leaving me to doubt
Talk about, God in His mercy

Oh, if He really does exist
Why did He desert me

In my hour of need?
I truly am indeed
Alone again, naturally
It seems to me that
There are more hearts broken in the world
That can't be mended

Left unattended:
What do we do?
What do we do?
Alone again, naturally
Looking back over the years
And whatever else that appears
I remember I cried when my father died
Never wishing to hide the tears

And at sixty-five years old
My mother, God rest her soul
Couldn't understand why the only man
She had ever loved had been taken
Leaving her to start
With a heart so badly broken
Despite encouragement from me

No words were ever spoken
And when she passed away
I cried and cried all day
Alone again, naturally
Alone again, naturally

Expression check list

sour 시큼한, 언짢은
throw off 내던지다
in an effort to ~하기 위하여
lurch (갑작스러운) 요동, 비틀거림
tough (고기가) 질긴, (상황이) 나쁜
stand up 바람맞히다
knock down 쓰러뜨리다

mercy 관용, 자비
desert 유기하다, 버리다
unattended 혼자인 채, (보살핌 없이) 방치된
God rest her soul 운명하다 ('사망하다'의 점잖은 표현)
despite ~임에도 불구하고 (=in spite of)
encouragement 격려, 위로
pass away 돌아가시다 ('죽다'보다 공손한 표현)

Embedded context

이 곡은 자기 성찰적인 발라드이다. 시작은 연인과의 이별 후 자살을 감행하겠다고 한다(It is an introspective ballad, starting with the singer telling his plans to commit a suicide after having an heartbreaking breakup).

If I'm not feeling any less sour. 참담한 기분이 가라앉지 않으면.

sour는 음식물이 '시큼털털해졌다'는 뜻인데 '기분이 처참하다, 참담하다'의 뜻으로 해석할 수 있다. 여기서는 여자 친구에게 결별을 선언당한 후 느끼는 참담함을 나타낸다.

I promise myself to treat myself. 나는 스스로 이 몸을 던질 테야.

I will do it이라고 해도 되는데 상당히 수사적인 표현을 썼다.

promise의 용법에 주의해볼 필요가 있다.

I have promise today(나 오늘 약속 있어)라고 하면 콩글리시가 된다. **I promise to meet my friend**가 옳은 표현이다. 단, 명사로 쓸 때는 **If you make a promise, you should keep it**(약속을 했으면 지켜야죠)에서 보듯 **make a promise**로 쓴다.

Whoever wants to know what it's like when you're shattered.
누구든 한 인간의 몸이 산산조각 나는 것을 보여주고 싶어.

좀 으스스한 표현이다. 현재 너무 괴롭기 때문에 자살하고 싶은데 높은 종탑에서 떨어진 인간의 파괴된 모습을 남들에게 보여줌으로써 자신의 슬픔의 정도를 생생하게 전하고 싶다는 것.

She stood him up. 그는 여자한테 차였나봐.

대부분 이런 형태로 쓰인다. 가령 '남자가 여자를 딱지 놨다'고 할 때 **He stood her up.**이 된다. 우리말로 '바람맞다'가 된다. 우린 눈이 오나 비가 오나 '바람맞았다'라고 하는데 영어로는 **stand somebody up**이 된다.

My mother, God rest her soul, couldn't understand why.
어머니는 이해를 못 하시고 돌아가셨다.

여기서 **God rest her soul**이 삽입절이다. 이 날은 신께서 그녀의 영혼을 쉬게 하셨다. 즉, 운명하셨다는 뜻이다.

 **From Dr. Kwak**

영화 속의 팝송 가사

2000년대 초반 시내의 영화관에서 〈Love Actually〉(2003)라는 영화를 보고 있었다.

영화 초반에 주인공 Colin Firth가 남동생에게 애인을 뺏기고 허탈한 마음에 프랑스의 시골 마을로 가서 한숨을 쉬며 하는 얘기가 나온다. "Alone again, naturally."

Richard Curtis 감독은 이 노래의 첫 부분을 영화의 도입부와 연계한 것이다. 순간 무릎을 쳤고, 언젠가는 꼭 독자들에게 소개하고 싶었다.

사실 이 노래는 슬프다. 연인에게 버림받고 자살을 결행하려 하지만 이내 돌아가신 부모님을 떠올리며 외로움의 본질을 떠올리게 된다(This is a rather sad song about the lonely, suicidal subject and then telling about the death of his parents).

Gilbert O'Sullivan은 이 노래를 자전적인 내용은 아니라고 했다(He said it was not autobiographical). 그의 아버지는 그가 11살 때 사망했는데, 어머니를 몹시 학대했었다고 한다 (His father mistreated his mother).

이 곡은 아일랜드 출신 가수의 노래지만 모든 영국인들이 마치 국민 가요를 대하듯이 애창하는 곡이 되었다. 영화 〈Love Actually〉에서 콜린 퍼스의 대사, "Alone again, naturally."는 이 노래를 팝송의 애국가처럼 알고 있는 영국인들에게는 100% 공감할 수 있는 대목이다.

Song 32

She Bop
by Cyndi Lauper

남자의 근육질 몸매에 흥분하는 여자의 영어

미국에는 남성들이 즐겨보는 잡지 중에 *Playboy*가 있듯이 *Playgirl*도 있다. 1973년에 *Playboy*와 *Penthouse*의 대항마로 창간되었으며(This magazine was founded as a response to erotic men's magazines such as *Playboy* and *Penthouse*), 연간 평균 2,000만 부가 팔린다고 한다. 또 1983년 봄에는 *Playboy*나 *Playgirl*의 게이 버전으로 *Blueboy* 잡지가 창간되었다.

이 노래는 10대 여고생이 *Blueboy* 잡지를 보며 흥분하는 내용을 담고 있으며, 자위행위를 묘사하는 가사도 포함되어 있다. 노래가 처음 출시되었던 1984년에 미국 남부의 보수적인 지역에서는 방송 금지곡이 되기도 했다.

Artist profile

1953년생. 그녀는 30년 이상의 경력을 가진 가수이자 작곡가이며 배우이다. 마돈나보다 데뷔가 빨랐지만 인기 면에서 뒤처지자 초조한 나머지 선정성으로 경쟁을 하기도 했지만 곧 자신의 음악 스타일을 찾았다. 특히 1989년 이후에는 여러 가지 음악 프로젝트에 참여해서 다양한 시도를 하기도 했다. 2013년에는 뮤지컬 〈Kinky Boots〉로 Tony상을 받기도 한다. 특히 2014년에는 브로드웨이 음악으로 댄스 차트에 오르는 기염을 토했다. 최근에는 뮤지컬에 힘을 쏟고 있는데 Grammy상, Emmy상 등 다양한 수상 경력을 갖고 있다. 5,000만 장의 앨범과 2,000만 장의 싱글 판매 기록을 갖고 있다.

She Bop

by Cyndi Lauper

Wehell I see them every night in tight blue jeans
In the pages of a *Blueboy* magazine
Hey I've been thinking of a new sensation
I'm picking up good vibration
Ooh she bop, she bop

Do I want to go out with a lion's roar?
Huh, yea, I want to go south and get me some more
Hey, they say that a stitch in time saves nine
They say I better stop or I'll go blind
Ooh she bop, she bop

[Chorus]
She bop he bop and we bop
I bop you bop and they bop
Be bop be bop a lu bop
I hope he will understand
She bop he bop and we bop
I bop you bop and they bop
Be bop be bop a lu she bop
Ohh ohh she do she bop

Hey, hey they say I better get a chaperon
Because I can't stop messin' with the danger zone
Hey, I won't worry, and I won't fret
Ain't no law against it yet, Oh she bop, she bop

[Repeat Chorus]

She bop he bop and we bop
I bop you bop and they bop

Be bop be bop a lu bop
I hope he will understand
She bop he bop and we bop
I bop you bop and they bop
Be bop be bop a lu she bop
Ohh ohh she did it she bop
Ohh ohh she did it she bop

Expression check list

Blueboy 블루보이(1983년 봄에 창간된 여성 전용의 게이 포르노 잡지. 2007년 12월호로 폐간됨)

pick up good vibration 멋진 흥분을 상상하다

bop (음악에 맞춰) 춤추다
　　※ bop의 사전상의 뜻은 '춤추다' 이지만 여기서는 은밀한 행위(자위)를 시사한다.

lion's roar 사자의 포효

A stitch in time saves nine. 제때의 한 바늘이 아홉 바늘을 구한다.
　　즉, '호미로 막을 것을 가래로 막게 하면 안 된다'는 뜻이다.

I will go blind 장님이 된다

chaperon, chaperone 보호자

mess with the danger zone 위험 지구를 침입하다

Embedded context

I see them every night in tight blue jeans in the pages of a *Blueboy* magazine.
나는 밤마다 꽉 끼는 청바지를 입은 남자들을 포르노 잡지에서 봐요.
'진한 모습이 나오는 포르노'는 a porno film 혹은 a blue film이라고 한다.

I've been thinking of a new sensation.
전에 느껴보지 못한 새로운 전율을 생각해본다.
sensation은 여기서 '선정적인 느낌'을 뜻한다.

I'm picking up good vibration. 기분 좋은 흥분을 느낀다.
pick up은 (습관, 재주 등)을 갖게 된다는 뜻이다. 따라서 성적인 호기심에 눈을 뜬다는 것.

Do I want to go out with a lion's roar? 사자처럼 울부짖으며 밖으로 나갈까요?
'은밀한 행위' 뒤에 오는 극치의 감정을 표현하는 방법을 간접적으로 나타낸다.

I want to go south and get me some more. 남쪽으로 가서 더 많이 갖고 싶어요.
이국적인 장소에서 성적인 호기심을 충족시키고 싶다는 뜻.

A stitch in time saves nine. 호미로 막을 일을 가래로 막게 하면 안 된다.
여기서는 '자위행위에 너무 몰입하면 나쁜 결과가 온다'는 뜻이다.

They say I better stop or I'll go blind. 그들은 내가 지금 중단하지 않으면 눈이 먼대요.
흔히, 미국의 부모들이 성적 호기심에 일찍 눈뜬 자녀들을 타이를 때 쓰는 말이다.
부모들은 아이들 방에서 야한 잡지가 나오면 그런 잡지(a porno film)를 많이 보면 눈이 먼단다. "If you see those magazine too much, you will go blind."라고 말한다.

I can't stop messin' with the danger zone. 위험지역 출입을 중단 못하겠어요.
여기서 '위험지역 출입'은 '자위행위'를 뜻한다. 즉 자위행위를 자제할 수 없다면 보호자(chaperon)와 상담하라는 조언을 받았다고 한다.

From Dr. Kwak

이 곡의 주제는 자위행위(masturbation)이다.

Cyndi Lauper는 이 곡을 녹음할 때 누드로 진행했다(She recorded the vocals of the song while nude). 하지만 신디 로퍼는 아이들이 이 노래를 춤곡으로 알고 즐기기를 바란다고 했다. 작은 양심의 가책이 있었던 듯하다.

실제 신디는 어떤 방송에서도 이 노래의 의미에 대해서 노골적으로 얘기한 적이 없었다.

짓궂게 기자들이 청소년 교육 문제를 주제로 질문하면 "아이들이 나이들면서 의미를 파악하면 좋겠네요(I wish that kids could understand the real meaning of the song as they got older)"라고 에둘러 대답했었다.

2013년 'She Is So Unusal' 기념 투어에서 노래 속에 나오는 웃음소리에 대해 비밀을 밝혔는데, 이 노래를 녹음할 당시 반 누드 차림으로 어두운 방에서 작업을 할 때 팔 아래쪽이 갑자기 가려워서 웃음을 터뜨렸다고 한다(She recorded the song topless in a dark room and tickled herself under her arms and it made her laughter on the track).

사실상 이 노래에 masturbation이란 단어는 등장하지 않는다. 의미가 문맥상에 함축되어 있을 뿐이다(Meanings are embedded in the context).

이 곡은 학부모들로 구성된 미국 대중음악 감시 단체인 Parents Music Resource Center(학부모 음악 자료 센터)에 의해 '지저분한 노래 15곡 리스트(Filthy Fifteen)'에 포함되었었다.

Song 33

The Tide Is High
by Atomic Kitten

오직 한 남자를 위해 순결을 지키는 여자의 영어

이 곡은 원래 1967년 John Holt가 리드 싱어였던 자메이카 그룹 The Paragons의 것이었다. 그리고 1980년에 미국 밴드 Blondie가 리메이크하기 전까지는 전혀 알려지지 않았었다. 하지만 2002년 영국의 걸그룹 Atomic Kitten이 다시 리메이크해서 대중에게 알려졌다.
1960년대의 보수적인 정서(현재와는 확연히 다른)로 봐서 상당히 파격적인 가사의 노래이다. 노래의 주인공은 짝사랑하는 대상이 있지만 그는 지금 그녀 곁에 있지 않다. 한마디로 노래의 주인공(protagonist)에게는 관심이 없다.
많은 남성들이 그녀의 마음을 사로잡기 위해 애를 쓴다. 그녀 또한 흔들린다. 하지만, 욕망에 흔들리지 않고 연인을 위해 소중한 나만의 가치(virginity)를 지키겠다고 한다.

Artist profile

Atomic Kitten은 1998년 영국에서 결성된 여성 트리오. '원자 고양이'라는 다소 특이한 이름의 이 밴드는 2000년 전후에 가장 사랑받는 영국의 여성 밴드이다. 미국의 The Bangles나 The Pointer Sisters에 버금가는 인기를 누린다. 원래는 5명으로 시작했지만 여러 차례 교체를 단행한 뒤 3인조로 활약한다. 최종적으로 남은 멤버는 Liz McClarnon, Kerry Katona, Natasha Hamilton이다.

The Tide Is High

by Atomic Kitten

The tide is high but I'm holdin' on
I'm gonna be your number one
I'm not the kinda girl who gives up just like that, oh no

It's not the things you do that tease and hurt me bad
But it's the way you do the things you do to me
I'm not the kinda girl who gives up just like that, oh no

[Chorus]
The tide is high but I'm holdin' on
I'm gonna be your number one
The tide is high but I'm holdin' on
I'm gonna be your number one
Number one, number one

Ev'ry girl wants you to be her man
But I'll wait right here 'til it's my turn
I'm not the kinda girl who gives up just like that, oh no

[Repeat Chorus]

Every time that I get the feeling
You give me somethin' to believe in
Every time that I got you near me
I know the way that I want it to be

But you know I'm gonna take my chance now
I'm gonna make it happen somehow
And you know I can take the pressure
A moment's pain for a lifetime pleasure

Ev'ry girl wants you to be her man
But I'll wait right here 'til it's my turn
I'm not the kinda girl who gives up just like that, oh no

The tide is high but I'm holdin' on
I'm gonna be your number one
The tide is high but I'm holdin' on
I'm gonna be your number one

Every time that I get the feeling
You give me somethin' to believe in
Every time that I got you near me
I know the way that I want it to be

But you know I'm gonna take my chance now
I'm gonna make it happen somehow
And you know I can take the pressure
A moment's pain for a lifetime pleasure

The tide is high but I'm holdin' on ... (fades out)

Expression check list

tide 조수(의 간만), 조석(潮汐)
  ex) The tide is high at 2 pm.
  만조는 오후 2시다.
hold on 기다리다, 참다
kinda = kind of
give up 포기하다

just like that 그뿐이야
gonna = going to
make it happen 일을 저지르다
pain 고통
pleasure 쾌락
turn 순서
tease 놀리다

Embedded context

The tide is high. 욕망이 극에 달했다.

여기서는 욕망을 바닷물과 비교해서 만조, 즉 '꽉 들어찼다'라고 했다. '더 이상 참을 수 없는' 지경에 도달했다고 표현한 것이다.

I'm holdin' on. 나는 기다리고 있다.

I'm gonna be your number one. 난 당신의 최고가 되고파요.

노래의 주인공은 순진무구한 소녀이다. 그녀가 좋아하는 남자는 뭇여성들의 사랑을 받고 있는 인기남. 하지만, 애석하게도 이것은 짝사랑이다. 그리고 이 여성에게도 호감을 보이는 남성들이 있지만 '꾹 참고' 당신 위해 '나의 소중한 것'을 지키고 있겠다고 한다.

I'm not the kinda girl who gives up just like that.
난 그렇게 쉽게 포기하는 여자가 아닙니다.

짝사랑도 시간이 지나면 제 풀에 꺾이게 마련이지만 결코 쉽게 포기하지 않고 기다린다는 뜻. 비록 많은 여자들이 그를 원하지만(every girl wants you to be her man) 나는 조용히 여기서 내 순서를 기다리겠다(I'll wait right here till it's my turn)고 한다. 스타를 사랑하는 대가를 단단히 치르겠다고 하는 것이다.

From Dr. Kwak

　이 곡은 깊이 생각하지 않으면 지극히 평범한 곡처럼 들린다. 그래서 **The tide is high.**가 관건이다. 그리고 바로 이어지는 가사 **but I'm holding on**(나는 기다리겠어요)이 중요한 것이다.

　당신이 눈길을 주지 않는 동안 나는 욕망이 불타오르고(**The tide is high**), 내 주변에 나를 원하는 남자들이 적지 않기에 흔들릴 수도 있지만 당신의 여자가 되는 것이 꿈이다(**I'm gonna be your number one**)라고 한다.

　특히 남성과의 깊은 관계(**love affair**)의 경험이 없기에 다소 두렵지만 이번만큼은 "위험을 무릅쓰고 도전하겠다(**I'm gonna take my chance**)"고 한다.

　그리고 한 번도 경험하지 않은 그 사건(?)으로 인한 압박감과 고통(**the pressure and a moment's pain**)쯤은 평생의 행복(**a lifetime pleasure**)을 위해 견딜 수 있다고 한다.

　이 노래를 '지저분한 노래 (**filthy song**)'라고 생각지 않는다.

　사랑하는 남자가 **playboy**이며 뭇 여성들의 사랑을 받는 인기남인 줄 알면서도 포기하지 못하는 순진한 소녀의 감성이 고스란히 드러나는 아름다운 노래로 보인다. 그리고 그를 위해 기꺼이 자신이 가장 소중하게 생각하는 것(**virginity**)을 포기하는 모험도 꿈꾸고 있다.

Song 34

Angel Of The Morning
by Juice Newton

절교 선언을 하는 남자 친구에게
마지막 부탁을 애절하게 하는 영어

뉴욕 출신 작곡가 Chip Taylor가 1960대 중후반 Connie Francis를 위해 만들었던 곡이었으나 Connie가 거절했는데, 정확한 이유는 그녀의 이미지에 맞지 않았기 때문이었다(She thought that it was too risqué for her career). 특히, 그녀가 문제 삼았던 가사는 "만약 아침의 메아리가 우릴 죄인이라 하면, 내가 원하는 바야(If morning's echo says we've sinned, well, it was what I wanted now)."였다. 한마디로 illicit love affair(사회 통념에 벗어나는 육체관계)였기 때문이다.
1968년 Merrilee Rush에 의해 선보이게 되었고, 그 뒤로 수많은 가수들이 리메이크했는데 1980년도 Juice Newton의 곡이 가장 유명하다.

Artist profile

1952년생으로 미국의 컨트리 가수이자 기타리스트. 다섯 번 그래미상 후보에 올랐으며 1984년에 수상을 했다. 그녀의 전성기는 1980년대라고 할 수 있는데 이 시기에 무려 14개의 Top 10 히트곡을 만들어냈다. 1970년대 데뷔 초기에는 Silver Spur라는 밴드로 활약하기도 했지만 1977년에 솔로로 전향했다.

Angel Of The Morning
by Juice Newton

There'll be no strings to bind your hands
Not if my love can't bind your heart
There's no need to take a stand
For it was I who chose to start

I see no need to take me home
I'm old enough to face the dawn

Just call me angel of the morning, angel
Just touch my cheek before you leave me, baby
Just call me angel of the morning, angel
Then slowly turn away from me

Maybe the sun's light will be dim
And it won't matter anyhow
If morning's echo says we've sinned
Well, it was what I wanted now

And if we're victims of the night
I won't be blinded by the light

Just call me angel of the morning, angel
Just touch my cheek before you leave me, baby
Just call me angel of the morning, angel
Then slowly turn away, I won't beg you to stay with me
Through the tears of the day, of the years, baby

Just call me angel of the morning, angel
Just touch my cheek before you leave me, baby
Just call me angel of the morning, angel
Just touch my cheek before you leave me, darling

Just call me angel of the morning, angel
Just touch my cheek before you leave me, darling

Expression check list

string 끈
bind 묶다
take a stand 항거하다, 저항하다
face the dawn 아침을 맞이하다
cheek 뺨
turn away 떠나다
dim 희미한, 어둑한

matter 문제가 되다
echo 메아리
sin 죄를 짓다
victim 희생자
blind 눈멀게 하다
beg 사정하다
leave 떠나다

Embedded context

There'll be no strings to bind your hands.
철사 줄로 네 손을 꽁꽁 묶어봐야 무슨 소용 있겠어요.

네 마음이 나를 떠났기에(My love can't bind your heart) 소용없다고 한다.

There's no need to take a stand.
저항해 봐야 소용없겠지요.

어차피 내가 저지른 일이니까요(It was I who chose to start), 아마도 여자 쪽에서 적극적으로 구애해서 이루어진 관계인 것으로 보인다. 그리곤 곧바로 "집에 가지 않겠다(I see no need to take me home)"고 선언한다. 1960년대 정서로 보면 상당히 파격적이다. 외박을 불사하며 오늘밤에 큰일(?)을 내겠다는 비장한 각오가 엿보인다.

I'm old enough to face the dawn.

직역을 하면 "아침과 단단히 맞설 만큼 나이가 들었다"이고, 의역하면 "부모 허락 없이 외박을 하겠다"는 뜻이다. 참으로 시(詩)적인 표현이다.

Maybe the sun's light will be dim. 어쩌면 아침햇살이 희미할지 몰라.

단순히 날씨를 뜻하지 않고 주인공의 복잡한 심경을 표현한다. 오늘 밤에 벌어질 사건(?) 때문에 내일 아침 마음이 편치 않겠지만 괘념치 않겠다(It won't matter anyhow)라고 한다. 2015년의 정서로는 이해하기 힘들지 모른다. 하지만 1960년대 초반, 즉 50년 전의 일이다. 지금보다는 훨씬 남녀의 혼전 순결이 강조되던 시절이다.

If we're victims of the night, I won't be blinded by the light.
우리가 밤의 희생자가 된다 해도 나는 결코 부끄러워하지 않으리라.

From Dr. Kwak

    1967년 이 노래는 처음 Evie Sands라는 가수가 녹음했으나 발매 2주도 안 되어서 레코드사가 도산한다. 작곡가 Chip Taylor는 크게 좌절했으나 곧 Merrilee Rush를 시켜서 다른 음반사를 통해 발매했는데 크게 히트한다. Juice Newton의 버전이 가장 많이 알려졌다.

    이 노래의 압권은 뭐니뭐니해도 첫 줄 가사이다. "There'll be no strings to bind your hands, not if my love can't bind your heart(네 사랑이 내게서 떠났는데 끈으로 네 손을 묶은들 무슨 소용이 있을까?)" 과연 이런 시적인 말을 할 수 있는 사람은 누구일까?

    이 노래 어디에도 sex나, love affair(육체관계)와 같은 노골적인 가사는 없다.

    하지만 노랫말이 의미하는 은유적인 표현을 분석해보면 두 남녀는 교제 중에 아직 love affair의 경험은 없는 듯하다. 남자의 절교 선언을 접하고 소녀는 결단을 내린다. "그래, 보내주마. 단, 오늘 밤만은 나와 함께 있어줘." 참으로 충격적인 가사지만 충분히 가능한 상황임을 감지할 수 있다.

    여러 가수의 리메이크 버전 중 주스 뉴턴의 것이 가장 성공했다. 1981년 빌보드 Hot 100 차트 4위에 올랐고, 빌보드 Adult Contemporary Chart에서 3주간 1위를 차지했었다.

    특히, 영어권 국가에서 크게 사랑을 받았는데 '용맹스런 소녀의 용감한 사랑 고백'이 많은 팬들의 공감을 자아냈기 때문이다.

    *Rolling Stone*지가 평한 이 노래에 대한 리뷰 "This song is about premarital sex, and while the '60s were very permissive in some regards, it was still a taboo subject in the media(혼전 성관계는 60년대에는 어느 정도 허용이 되는 분위기였다. 하지만 언론에서는 아직도 화제로 거론하는 것 자체가 금기시되던 때였다)."

    21세기 추억의 명곡을 들으며 선배들의 러브 스토리를 나름대로 추론해보는 재미도 쏠쏠하다. 같은 작곡가의 다른 곡 "Wild Thing"을 들으면 비슷한 느낌이 나는데 표절 시비 건 사람은 아직 없다.

Song 35

Part-Time Lover
by Stevie Wonder

아내 몰래 직장에 숨겨 놓은
애인과 은밀히 소통하는 영어

full-time lover라는 표현은 없다. 그냥 아내이거나 부인이다. 부인 몰래 만나는 연인을 part-time lover라고 표현한다. 여자 입장에선 남편 외에 만나는 애인을 뜻한다. Stevie Wonder는 전자음악과 컴퓨터를 음악에 접목시킨 선구자이다. 이 곡은 그가 Wonderland Studios라 불리는 자신의 전용 녹음실에서 작업한 초기 음악이다.

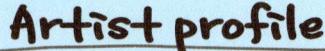
Artist profile

Stevie Wonder가 이 곡을 1985년에 빌보드 차트 1위에 올렸는데 그의 첫 번째 히트 작 "Fingertips (Part 2)" 이후 22년 3개월 만에 이룬 성과였다. 이 기록은 비치 보이스의 "Kokomo"가 1988년에 갱신했다(This was the longest span between first and last #1s. The Beach Boys would break this record when "Kokomo" took the top spot in 1988). 특히, 배킹 보컬을 Syreeta Wright가 맡았는데 그녀는 스티비 원더의 전처였다. 노래의 끝 부분 허밍 부분은 R&B 가수 Luther Vandross가 맡았었다. 한마디로 쟁쟁한 실력자들이 앨범 제작에 참여한 것이다.

Part-Time Lover

by Stevie Wonder

Call up, ring once, hang up the phone
To let me know you made it home
Don't want nothing to be wrong with part-time lover

If she's with me I'll blink the lights
To let you know tonight's the night
For me and you, my part-time lover

We are undercover passion on the run
Chasing love up against the sun
We are strangers by day, lovers by night
Knowing it's so wrong, but feeling so right

If I'm with friends and we should meet
Just pass me by, don't even speak
Know the word's "discreet" when part-time lovers

But if there's some emergency
Have a male friend to ask for me
So then she won't peek, it's really you my part-time lover

We are undercover passion on the run
Chasing love up against the sun
We are strangers by day, lovers by night
Knowing it's so wrong, but feeling so right

We are undercover passion on the run
Chasing love up against the sun
We are strangers by day, lovers by night
Knowing it's so wrong, but feeling so right

I've got something that I must tell
Last night someone rang our doorbell
And it was not you, my part-time lover

And then a man called our exchange
But didn't want to leave his name
I guess that two can play the game
Of part-time lovers
You and me, part-time lovers
But, she and he, part-time lovers

Expression check list

call up 전화 걸다
hang up the phone 전화를 끊다
make it home 귀가하다
blink the light 불을 깜빡거리다
undercover passion 비밀스런 열정, 몰래 하는 사랑
chase love 사랑을 쫓다
pass by 통과하다
discreet 말조심하는
ring our doorbell 초인종을 누르다
call our exchange 교환 번호에 전화하다

Embedded context

Call up, ring once, hang up the phone.
일단 전화하고 벨이 두 번 울리면 끊으세요.

남녀 모두 가정이 있는 유부남, 유부녀이다. 집에 가면 엄연히 각각 남편과 아내가 있다. 그래서 서로 신호를 정해놔야, 무사히 집에 간 걸 알린다(to let me know you made it home).

If she's with me I'll blink the lights to let you know tonight's the night.
그녀가 나와 함께 있다면, 내가 등불을 깜빡일 테니 오늘이 그 날인 줄 아세요.

이 내용은 남자가 다른 친구(룸메이트)에게 여자 친구가 왔으니 귀가를 늦춰달라는 신호를 보내는 것이다.

We are undercover passion on the run.
우리는 남 몰래 열정을 불태우는 사이이다.

- **on the run** 쫓기는, 도망 중인, 늘 분주하게 돌아다니는 상황을 뜻한다.
  - ex) fox on the run 쫓기는 여우
    band on the run 순회공연 중인 밴드
- **undercover passion** 몰래 하는 사랑

Chasing love up against the sun. 비정상적인 사랑을 추구하는 사이.
- **against the sun** 정상을 벗어난, 일탈의

We are strangers by day, lovers by night. 낮에는 남남, 밤에는 연인.
같은 직장 동료로서 주위에 눈치를 살필 수밖에 없으므로 몰래 만난다는 뜻.

And then a man called our exchange.
그 뒤 한 남자가 우리 교환번호에 전화를 걸었어요.

I guess that two can play the game.
아마도 둘(아내와 외간남자)이 일을 꾸미는 거겠죠.

From Dr. Kwak

　직장인들 사이에 마음을 터놓고 이야기할 수 있는 이성 친구 한두 명은 있을 것이다. 아내나 남편, 혹은 여친이나 남친에게 말 못할 고민을 털어놓는 것이다. 그 친구가 연인으로 발전한다면 **part-time lover**가 된다. 만약 **full-time lover**가 존재한다면 그것은 정식 아내나 남편이 되는 것이다.

　그렇게 되면 불륜(**unfaithful**)이 되는데, 팝송 가사에서 직장 내에서의 부적절한 이성 관계를 소재로 다룬 최초의 노래가 이 곡이다. 12세라는 어린 나이 때부터 솔 뮤직의 천재 소리를 들으며 일찍이 꽃피운 그의 재능은 오늘날까지도 이어지고 있다. 1995년 내한 공연 당시 필자가 기자회견 사회를 담당하면서 개인적인 인연을 맺기도 했다.

　앞서 언급한 대로 전처이자 유명 가수인 **Syreeta Wright**와의 결혼 생활은 1970년대 초반 2년여의 짧은 기간이었다. 이혼 후 10년이 지나서 전 남편을 위해 흔쾌히 배킹 보컬(**backing vocals**)로 참여하는 쿨한 면을 보여줬다. 컴퓨터와 전자 악기를 동원한 강력한 비트와 코믹한 가사가 어우러진 멋진 곡이다.

　라이브 공연장에서 스티비가 이 노래를 부르기 전에 청중들을 유도하는 멘트가 있다.
　남성들에게 "**Man gotta do, man gotta do, sometime**(남자들이 때때로 꼭 해봐야 하는 것)." 아마도 직장에 **part-time lover** 한 명쯤 숨겨 놓으란 뜻 아닐까? 직후에 바로 여성들에겐 "**No, no, no, no.**"를 외치게 한다. 이 정도는 남녀 관객 공히 웃음을 자아내며 따라 할 수 있는 재미있는 추임새이다.

Song 36

Gloria
by Laura Branigan

방탕한 사생활로 막장 드라마를 쓰는
친구에게 날리는 경고장 영어

돈 많은 노인과 사귀면서 진짜 사랑은 젊은 남자와 나누는 방탕한 친구에게 경고를 하는 노래. 이 곡은 원래 1979년에 이탈리아 가수 Umberto Tozzi가 불렀다.
캐나다 작곡가 Trevor Veitch가 가사를 따로 붙였으며, 이 곡으로 Laura Branigan은 그 해 최우수 보컬 후보에 오르지만 Melissa Manchester의 "You Should Hear How She Talks About You"에 밀렸다.

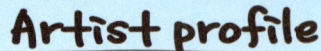

Laura Branigan 하면 떠오르는 노래는 "Gloria"와 "Self Control"이다. 특히 "Gloria"는 미국 빌보드 차트에 36주간 머물면서 이 부문 최고의 기록을 유지하고 있다. 가수이자 배우이며 작곡가였던 그녀의 최고 히트 곡은 누가 뭐래도 1982년에 플래티넘 레코드를 기록한 "Gloria"이다. 특히 로라 브래니건이 리메이크한 "The Power Of Love"는 최고의 버전으로 사랑받고 있다. 한마디로 가창력에 관한 한 이견이 필요 없었던 가수였다. 그 밖에도 "Self Control", "Solitaire" 같은 대히트 곡을 남겼다. 2004년에 미진단 뇌동맥류로 세상을 떠났다.

Gloria

by Laura Branigan

Gloria, you're always on the run now
Running after somebody, you gotta get him somehow
I think you've got to slow down before you start to blow it
I think you're headed for a breakdown, so be careful not to show it

You really don't remember, was it something that he said?
Are the voices in your head calling, Gloria?

[Chorus]
Gloria, don't you think you're fallin'?
If everybody wants you, why isn't anybody callin'?
You don't have to answer
Leave them hangin' on the line, oh-oh-oh, calling Gloria
Gloria (Gloria), I think they got your number (Gloria)
I think they got the alias (Gloria) that you've been living under (Gloria)
But you really don't remember, was it something that they said?
Are the voices in your head calling, Gloria?

A-ha-ha, a-ha-ha, Gloria
How's it gonna go down?
Will you meet him on the main line, or will you catch him on the rebound?
Will you marry for the money, take a lover in the afternoon?
Feel your innocence slippin' away, don't believe it's comin' back soon

And you really don't remember, was it something that he said?
Are the voices in your head calling, Gloria?

[Repeat Chorus]

(Gloria, Gloria, Gloria, Gloria, Gloria)
(Gloria, Gloria, Gloria, Gloria, Gloria...)

Expression check list

on the run 바쁘게 움직여, 분주히 돌아다니는
run after somebody 누군가를 뒤쫓다
gotta = must
slow down 진정하다

blow it (기회 등을) 날려버리다, 망쳐버리다
head for a breakdown 파멸을 향해 돌진하다
fall 추락하다
alias 가명

Embedded context

Gloria, you're always on the run now, running after somebody.
글로리아, 남자 뒤꽁무니 쫓느라 정신이 없구나.

You've got to slow down before you start to blow it.
망쳐버리기 전에 자제해야 돼.

You're headed for a breakdown. 파멸은 불 보듯 뻔해.

Be careful not to show it. 들키지 않도록 조심해.

If everybody wants you, why isn't anybody calling?
남자애들이 널 원한다면 왜 전화를 안 하겠니?

주인공의 불만은 한 가지. Gloria의 '품위 없는 행동'이다.

줏대 없이 이 남자 저 남자에게 전화를 해대니, 같은 여자 입장에서 무척 난처하다는 뜻.

You don't have to answer, leave them hanging on the line.
전화 받지 마, 계속, 기다리게 하시지.

비아냥거리는 어투의 조언이다. 아마도, Gloria가 이미 사용했던 작전인 듯싶다.

먼저 남자에게 전화하고 call back이 오면 대답을 안 하며 밀당하는 것.

I think they got the alias. 네가 쓰는 가명은 이미 알려져 있어.

이 부분이 가사연구들 사이에 논란이 되는 부분이다.

정확한 이해를 위해서는 그 점을 이해하면 되지만 아마도, **This song is obviously about a call girl or prostitute**(이 노래는 분명히 매춘부에 관한 노래이다).

Are the voices in your head calling, Gloria? 글로리아를 외치는 수많은 목소리들.

Gloria가 잠자리를 같이한 남성들이 하도 많다 보니, 구분을 못할 정도라는 뜻.

Will you meet him on the main line, or will you catch him on the rebound?
너의 선택은 원래 하던 대로 돈 많은 남자니? 아니면 실연당한 남자니?

Embedded context

Will you marry for the money, take a lover in the afternoon?
돈 많은 남자와 결혼하고, 낮 시간에 애인을 따로 만나는구나?

Feel your innocence slipping away. 네 순수함이 사라지는 걸 느껴.

From Dr. Kwak

　이 노래를 접한 지도 30년이 넘었다. 처음에는 평범한 록으로 들었다. 축소된 맥락(context reduced)만으로는 도무지 해석에 진전이 없었다. 오랜 세월이 흐르며 내포된 맥락(context embedded)에 의한 철저한 번역을 시도한 결과 이 곡은, 여자 망신시키는 망나니에 관한 노래란 결론을 얻었다. 노래의 주인공(protagonist)은 글로리아의 친구로, 자유분방한 글로리아의 남성 편력을 질타하는 가사이다.

　오리지널 이탈리아어 버전을 영어로 변환시키는 과정에서 Laura Branigan의 공헌도가 컸다.
　원래는 좀 로맨틱한 노래였는데 강렬한 키보드 연주가 가미되고 편곡 과정에서 기타 사운드가 폭넓게 입혀졌다. 가사 부분은 로라의 적극적인 참여가 이뤄져서 "남자관계에 있어서 지나치게 앞서가는 여성(A girl that's running too fast for her own steps)"을 소재로 만들어졌다.
　"Gloria"에 관한 로라의 인터뷰가 이채롭다
　"'글로리아'는 저의 대표곡입니다. 어딜 가서 부르든 반응은 같지요. 공연의 피날레는 늘 그 곡이에요(Certainly my signature song. And I always get the same reaction wherever I go, and whenever I perform it I have to end every show with that song)."
　우레와 같은 굉음을 울리며 시작되는 이 노래의 전주가 시작되면 언제든지 가슴이 울렁인다. 멋진 곡이다. 한국에도 몇 차례 왔던 지한파 가수.

Song 37

Honey, Honey
by ABBA

정력남(精力男)을 만나서 흥분하는 여자의 영어

이 노래는 유사 이후 남녀 사이에 언제나 화제가 되는 성애(性愛)를 주제로 다루고 있다. 소문난 macho man(남성적인 사람)의 매력을 몸소 체험하며 명불허전(名不虛傳)을 외친다.

Artist profile

스웨덴의 팝 그룹 ABBA라는 명칭은 멤버들의 이름 첫 글자에서 따온 것이다(ABBA is an acronym of the first letters of the band members' first names). 이들은 1975~1982년이 전성기였는데, 해체된 지 30년 이상이 흐른 지금도 그들의 노래는 영화나 뮤지컬의 리메이크로 재탄생되어 여전히 팬들과 함께 하고 있다. 놀라운 것은 미국 땅에선 외국인임에도 불구하고 한때는 미국 내에서 자국 가수들보다 더 많은 음반을 판매하기도 했었다.

Honey, Honey

by ABBA

Honey honey, how you thrill me, a-ha, honey honey
Honey honey, nearly kill me, a-ha, honey honey
I'd heard about you before
I wanted to know some more
And now I know what they mean, you're a love machine
Oh, you make me dizzy

Honey honey, let me feel it, a-ha, honey honey
Honey honey, don't conceal it, a-ha, honey honey
The way that you kiss good night
The way that you hold me tight
I feel like I wanna sing when you do your thing
I don't wanna hurt you, baby, I don't wanna see you cry
So stay on the ground, girl, you better not get too high
But I'm gonna stick to you, boy, you'll never get rid of me
There's no other place in this world where I rather would be

Honey honey, touch me, baby, a-ha, honey honey
Honey honey, hold me, baby, a-ha, honey honey
You look like a movie star (look like a movie star)
But I know just who you are (I wonder just who you are)
And, honey, to say the least, you're a doggone beast
So stay on the ground, girl, you better not get too high
There's no other place in this world where I rather would be

Honey honey, how you thrill me, a-ha, honey honey
Honey honey, nearly kill me, a-ha, honey honey
I'd heard about you before (I'd heard about you before)
I wanted to know some more (I wanted to know you some more)
And now I know what they mean, you're a love machine
Oh, you make me dizzy

Expression check list

honey 연인
thrill 흥분시키다
nearly 거의, 대략
dizzy 정신이 혼미한

get high 흥분하다
get rid of ~을 버리다
doggone 빌어먹을
beast 야수

Embedded context

Honey honey, how you thrill me. 그대여, 그대는 날 흥분시키는군요.

시작부터 간들어진 비명이 나온다. 상대 남성의 기량(prowess)에 찬탄을 금치 못한다.

I feel like I wanna sing. 난 노래가 절로 나와요.

운우지정(雲雨之情)을 나눌 때 (when you do your thing) 절정의 순간에 생기는 특이한 버릇으로, 다른 여성들이 희열의 곡(哭)을 한다면 '나는 특이하게도 나도 모르게 창을 하고 싶어진다(I feel like I wanna sing)'는 것.

I don't wanna hurt you, baby. 당신을 다치게 하지 않겠어요.

좋아서 어쩔 줄 모르는 여자에게 건네는 macho man의 엄포, 당신을 크게 아프게 하지 않겠어요(I don't wanna hurt you), 울리지도 않을게요(I don't wanna see you cry), 너무 오버하지 말아요(you better not get too high).

I'd heard about you before. 그대의 명성은 익히 들었죠.

당신의 정력(sex power)은 이미 소문이 자자해서(I'd heard about you before), 내가 직접 확인하겠다(I wanted to know some more)는 것.

You're a love machine. 당신은 사랑의 기계예요.

정력남(精力男)에 대한 여인의 리포트로, 당신은 sex에 관한 한 사람이 아닌 기계이다(you're a love machine). 결론적으로, 당신은 기상천외한 '해구(海狗)'와 같다(you're a doggone beast).

　이 노래를 들을 때마다 터져나오는 웃음을 참을 수가 없다. 유머와 해학이 넘치는 가사 때문이다. 노래 속에 나오는 **kill**은 '죽이다'가 아닌 '성적으로 뇌살시키다'는 뜻. **lady-killer**는 '여자를 죽이는 사람'이 아니고 '인기남'이다.

　doggone beast는 직역하면 '빌어먹을 야수'이지만 여기서는 여성이 남성에게 보내는 최대의 찬사로 본다. 실제 많은 남성들이 '동굴 속에서 막 나온 듯이' 장발에 수염을 잔뜩 기르고 야수 같은 모습을 하고 다니는 것도 모두 여성들에게 보이고 싶은 야수적인 매력에 대한 향수 때문이다. 이 곡은 **ABBA**의 두 번째 스튜디오 앨범 〈Waterloo〉에 포함되었다.

　이 곡은 영어 버전뿐 아니라 스웨덴어로도 불렀는데 특이하게도 그들이 출시한 마지막 스웨덴어 노래이다. 한창 사회주의 열풍이 불어서 젊은이들이 미국의 자본주의 성향이 농후한 대중문화에 대해서 반감을 갖던 시기였다. 노랫말까지 다소 민망한 내용을 담고 있었으니 그들이 일각에서 받았을 안티 팬들의 비난은 눈감고도 상상이 간다. 해외에서의 폭발적인 반응에 비해 국내 팬들의 비난은 싸늘하기까지 했다, 여기에 세금 폭탄과 겹쳐져서 결국 아바는 활동 무대를 아예 유럽, 미주 지역으로 옮겨간다.

　특히 유럽 각국에서 대환영을 받았는데 독일, 오스트리아, 스페인 등지에서 현지어로 번안되어 불리며 인기를 끌었다.

Song 38

Lucille
by Kenny Rogers

가출한 유부녀를 유혹하려 했던 남자의 영어

미국의 Bar에서 가수가 이 노래를 부를 때, "You picked a fine time to leave me, Lucille"이라는 부분에서 많은 남자들이 "slur, bitch, fucking whore"라고 외치기도 한다. '망할 놈의 여편네 같으니라고' 정도의 뜻으로 이해하면 된다.
그럼에도 이 곡은 컨트리 음악 역사상 가장 아름다운 가사로 꼽힌다. Kenny가 겪은 간접경험을 노래로 만들었다. 그의 호소력 짙은 목소리가 돋보인다.
30년 전 이 노래를 가사 없이 처음 들었을 때는 '4 hungry children'을 '4 hundred children'으로 잘못 들었었다. '아이가 400명?' 하고 갸우뚱한 적이 있었는데 나중에 가사를 보니 4 hungry였다.

Artist profile

1938년 텍사스 주 휴스턴 출생인 Kenny Rogers는 무명 시절에 가난을 견디지 못해 한때 음악을 포기한 적도 있었으며, 청바지를 노점에서 파는 일도 했었다. 하지만 "Lucille" 이 한 곡으로 대스타가 되었다. 케니 로저스는 1950년대부터 음악 활동을 했는데, 1960년대에는 포크 운동 그룹인 The New Christy Minstrels에서 활약하기도 했다.

Lucille
by Kenny Rogers

In a bar in Toledo across from the depot
On a bar stool she took off her ring
I thought I'd get closer so I walked on over
I sat down and asked her name
When the drinks finally hit her
She said, "I'm no quitter, but I finally quit livin' on dreams
I'm hungry for laughter and here ever after
I'm after whatever the other life brings."

In the mirror I saw him and I closely watched him
I thought how he looked out of place
He came to the woman who sat there beside me
He had a strange look on his face
The big hands were calloused, he looked like a mountain
For a minute I thought I was dead
But he started shakin'
His big heart was breakin'
He turned to the woman and said,

[Chorus]
"You picked a fine time to leave me, Lucille
With four hungry children and a crop in the field
I've had some bad times lived through some sad times
But this time your hurting won't heal
You picked a fine time to leave me, Lucille."

After he left us I ordered more whiskey
I thought how she'd made him look small
From the lights of the bar room to a rented hotel room
We walked without talkin' at all
She was a beauty, but when she came to me

She must have thought I'd lost my mind
I couldn't hold her, 'cos the words that he told her
Kept comin' back time after time

[Repeat Chorus]

Expression check list

Toledo 톨레도(에스파냐 마드리드 남쪽의 타호강에 면한 도시)

depot 정류장

stool 의자

the drinks finally hit her 그녀가 술에 취했다

quitter 포기하는 자

laughter 웃음

look out of place 어색해 보이다

callous 굳어지게 하다, 무감각하게 하다

live through ～을 견뎌내다, 헤쳐 나가다

Embedded context

I'd get closer so I walked on over.

카페에서 혼자 앉아서 처량하게 술을 마시고 있는 여인에게 작업을 걸려고 다가가다.

I thought I was dead. '난 죽었다'라고 생각했죠.

갑자기 나타난 거울 속의 남자의 정체는 바로 여자의 남편. 그래서 그를 보자 주인공은 소름이 돋는다.

You picked a fine time to leave me, Lucille. 루실. 하필이면 꼭 이때 날 떠나다니.

With four hungry children and a crop in the field.
배고픈 네 아이, 그리고 할 일이 태산인 들판.

한마디로 농번기에 아이 넷을 뒤로하고 집을 나간 여자.

I've had some bad times, lived through some sad times.
나쁜 시절도 슬픈 시절도 있었건만.

This time your hurting won't heal. 하지만 이번엔 당신의 상처가 너무 컸나보군.

자신을 버리고 집을 나간 아내가 야속하지만 곰곰이 생각하니 자신의 잘못이 크다고 인정한다.

The words that he told her kept coming back time after time.
그녀의 남편이 한 이야기가 자꾸만 뇌리를 스쳤기 때문이죠.

그녀의 남편이 한 얘기가 내 귓전을 때렸기 때문에, 주인공은 마지막 순간에 양심의 가책을 느끼는 것.

From Dr. Kwak

　이 곡은 1977년에 소개됐다. 내용은 앞서 소개한 대로 가출한 유부녀를 바에서 만난 남자의 이야기다. 이 곡은 **Kenny Rogers**에게 큰 인기를 선물했다. 케니 로저스는 어릴 때 **Oklahoma** 주의 **Tulsa**에서 부친을 도와서 농사일을 했었는데 지역 TV에서 가출한 아내를 찾는 남편의 가슴 아픈 사연이 나오는 것을 본 적이 있다고 했다. 그때의 기억을 오래 간직하고 있다가 노래로 만든 것이다.

　1970년대 후반부는 미국을 비롯한 전 세계가 **Oil Shock**로 인해 경제적 어려움을 겪고 있었다. 경제적인 궁핍은 가정의 해체 요인이 됐다. 이 노래가 수많은 사람들의 심금을 울렸던 이유는 '진솔한 가사'에서 찾을 수 있다. 실제로 이런저런 이유로 마음의 상처를 입은 수많은 사람들에게 위로를 전해주는 노래가 되었다.

　직접 토크쇼(The Dinah Shore Chevy Show)에 나와서 이 노래를 만들게 된 배경에 대해 얘기하는 것을 봤다. 특히 "You picked a fine time to leave me, Lucille"이라는 가사는 오랫동안 그의 뇌리에서 벗어나지 않았다고. 아내의 마음을 한 번이라도 아프게 해본 사람이라면 뜨끔할 만한 내용이다. 더구나 내 사랑하는 연인이 나로 인해 좌절하고 그렇게 방황하다가 낯선 남자와 조우한다? 상상도 할 수 없는 일이지만 현실에선 빈번하게 일어난다(It happened all the time in real life).

　케니 로저스는 공연 중에 누가 벌떡 일어나서 "여보쇼, 노래 주인공이 나야(Hey, that was me in your song)"라고 외치길 기대하는데 아직은 없었다고 한다.

　한창 인기 있던 1989년 한국에서 내한 공연을 가졌는데 필자는 당시 KBS TV 연예가중계 리포터로 그를 남산의 **Hilton Hotel**에서 단독 인터뷰한 적이 있는데 너무나 아쉽게도 이 노래의 배경을 인지하지 못한 관계로 "**Lucille**" 관련 질문을 하지 못했다. 두고두고 아쉬운 대목이다.

Song 39

Didn't We Almost Have It All
by Whitney Houston

순결을 지켜준 첫사랑에 대해
감사의 뜻을 전하는 영어

이 곡은 아름다운 가사와 뛰어난 멜로디로 인해 1987년에 그래미상 올해의 노래 후보에 올랐었다. 이 곡은 Michael Masser와 Will Jennings가 작사·작곡을 맡았으며, 첫사랑의 추억을 노래하면서 특히 자신의 순결을 지켜준 옛 연인에게 감사의 뜻을 은유적으로 표현하고 있다.

Artist profile

 Whitney Houston에 대한 이야기를 쓰자면 이 책 전체를 할애해도 부족하지 않을 것이다. 슈퍼스타 중의 슈퍼스타이다. 팝계에 전무후무한 기록을 여럿 갖고 있는데 그중 하나가 일곱 번 연속 빌보드 차트 1위 곡을 만들어낸 것이다(Houston is the only artist to chart seven consecutive No. 1 *Billboard* Hot 100 hits). 특히 1985년 그녀의 데뷔 앨범은 팝 역사상 여성 보컬 최다 판매 기록을 갖고 있다. 그래서일까? 한국 팬들 중에도 그녀의 앨범 한 장 갖고 있지 않은 사람은 찾기 힘들었다.

Didn't We Almost Have It All

by Whitney Houston

Remember when we held on in the rain
The night we almost lost it
Once again we can take the night into tomorrow
Living on feelings
Touching you I feel it all again

[Chorus]
Didn't we almost have it all
When love was all we had worth giving?
The ride with you was worth the fall, my friend
Loving you makes life worth living
Didn't we almost have it all
The night we held on till the morning
You know you'll never love that way again
Didn't we almost have it all

The way you used to touch me felt so fine
We kept our hearts together down the line
A moment in the soul can last forever
Comfort and keep us
Help me bring the feeling back again

[Repeat Chorus]

Didn't we have the best of times
When love was young and new?
Couldn't we reach inside and find
The world of me and you?
We'll never lose it again
'Cause once you know what love is
You never let it end

Didn't we almost have it all
When love was all we had worth giving
The ride with you was worth the fall, my friend
Loving you makes life worth living

Didn't we almost have it all
The night we held on till the morning
You know you'll never love that way again
Didn't we almost have it all

Expression check list

hold on 참다, 버티다
the night we almost lost it 거의 잃어버릴 뻔했던 그날 밤
didn't we almost have it all 모든 걸 잃을 뻔했죠
worth giving 줄 만한 가치가 있는
ride 탑승
worth the fall 추락도 불사할 만큼 가치 있는

worth living 살 만한 가치가 있는
used to ～하곤 했다
feel so fine 느낌이 아주 좋다
down the line 완전히, 전적으로
a moment in the soul 영혼의 한 순간
comfort 평안을 주다
bring the feeling back 그 느낌을 돌려줘요

Embedded context

Remember when we held on in the rain
The night we almost lost it.
기억하나요? 비가 오던 창밖, 우린 소중한 것을 잃을 뻔했죠.

비 오던 날 밤의 추억, 빗속에서 사투를 벌이며(We held on in the rain) 순결을 잃을 뻔했었지(The night we almost lost it).

Didn't we almost have it all. 소중한 것을 잃을 뻔했었지요.

그때는 물질적으로 궁핍하여 줄 거라곤 사랑밖에 없었다(Love was all we had worth giving)고 하면서 돌아갈 수만 있다면 다시 그날을 되돌리고 싶다고 한다.

The ride with you was worth the fall. 당신과 함께라면 실패도 두렵지 않던 그 시절.

철부지 시절의 사랑은 물불을 안 가린다.
불에 뛰어드는 불나방 같은 사랑도 불사했던 시절이라는 뜻.

We kept our hearts together down the line.
우리는 우리의 마음을 완전히 함께 했었지요.

참으로 추상적이며 시적인 표현이다. down the line은 '철저하게, 완전히'의 뜻이다. 두 사람의 결합이 완전무결했음을 보여준다.

From Dr. Kwak

　이 노래를 작곡·작사한 콤비 Michael Masser와 Will Jennings는 이전부터 Steve Winwood, B. B. King, Randy Crawford 같은 유명 가수들에게 곡을 줬었다. 이들의 노래는 아름다운 노랫말과 수려한 멜로디로 정평이 나 있었다. 이 노래는 표면적으로는 옛 연인과의 재회를 갈망하는 것처럼 보인다. 그러나 행간의 뜻을 보면 첫사랑의 연인을 위해 모든 것을 희생하려 했던 순진무구한 주인공이었음을 알 수 있다. 이 노래에 등장하는 어휘의 수준은 직역하면 지극히 평범하다. 하지만 행간에 숨어 있는 은유의 뜻을 파악하는 데 시간과 노력이 필요하다. 헤어진 옛연인에 대한 그리움과 과거에 둘이 나누었던 아름다운 순간들을 추억하는 노래이다(This song is about wishing for reunion with someone, and making the case for it by recalling past good times).

　이 노래의 작업에 참여한 Jennings가 직접 *Rolling Stone*지와의 인터뷰에서 밝힌 바에 의하면 라디오 방송에 나온 어느 여성 청취자의 사연에서 영감을 받았다고 한다. 10대 청소년 시절 풋사랑에 빠졌던 기억과 사랑의 도피 행각(eloping)에 대한 이야기였는데, 고등학교 시절 결혼을 생각할 정도로 가까웠던 두 남녀가 훗날을 기약하며 서로 자제하고 각자의 길을 걸어가는 이야기에서 감동을 받고 바로 가사를 썼다는 것이다.

　20대에 첫사랑의 연인과 모든 것을 걸고 둘만의 결합을 위해 어떤 희생도 불사하고자 했던 불같은 시절을 경험한 사람이라면 많이 공감할 수 있는 노래이다.

　이 노래의 포인트는 **Didn't we almost have it all**(우리 모든 걸 잃을 뻔했지요)인데, 이 문장 하나가 모든 걸 대변한다.

Song 40

Killer Queen
by Queen

상류층을 상대로 하는 고급 매춘부를 빗댄 영어

1974년 11월, 이 곡의 작곡자 Freddie Mercury는 영국의 음악 잡지 *New Musical Express*와의 인터뷰에서 "이 노래는 상류층 매춘부에 관한 노래이다. 나는 팬들이 이 노래를 해석하는 데 있어서 그 점을 중점적으로 파악하기 바란다(This song is about a high-class call girl. I'm trying to say that classy people can be whores as well. That's what the song is about, though I'd prefer people to put their interpretation upon it-to read into it what they like).

1970년, 대한민국 정가(政街)를 발칵 뒤집어 놓은 '정인숙(鄭仁淑) 살해 사건'이 있었다. 제3공화국 당시 고급 요정의 종업원이었던 정인숙이 교통사고를 가장한 사고에 의해 암살되었던 것이다. 당시 정인숙은 현직 국무총리를 비롯한 다수의 정계 인사와 깊은 관계를 맺고 있던 고급 매춘부였다. 한국판 Killer Queen이 될까? 동서고금을 막론하고 매춘은 성행했다. 특히, 정관계 요인을 상대하는 매춘부는 늘 존재해 왔었다. 불편한 진실이다.

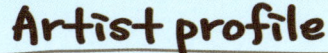

Artist profile

Queen은 1970년에 결성된 영국의 록 밴드이다. Freddie Mercury(리드 보컬, 피아노), Brian May(기타, 보컬), John Deacon(베이스 기타), Roger Taylor(드럼, 보컬) 넷이 출발했다. 원래는 로저와 브라이언이 Smile이라는 록 밴드로 활약했으나 Freddie가 보컬로 들어오며 팀 이름이 바뀐다. 1980년대에 들어서 Queen은 가장 위대한 stadium rock band의 하나가 된다. 그만큼 대형 공연장에서의 활약상이 대단했기 때문이다. 열여덟 개의 넘버원 앨범과 열여덟 개의 넘버원 싱글을 기록했다. 그들의 음반 판매 기록은 대략 3억 장에 이를 것으로 추산된다.

Killer Queen
by Queen

She keeps her Moet et Chandon
In her pretty cabinet
"Let them eat cake," she says
Just like Marie Antoinette
A built-in remedy
For Kruschev and Kennedy
At anytime an invitation
You can't decline

Caviar and cigarettes
Well versed in etiquette
Extraordinarily nice

She's a Killer Queen
Gunpowder, gelatine
Dynamite with a laser beam
Guaranteed to blow your mind
Anytime
Ooh, recommended at the price
Insatiable an appetite
Wanna try?

To avoid complications
She never kept the same address
In conversation
She spoke just like a baroness
Met a man from China
Went down to Geisha Minah
(Killer, killer, she's a Killer Queen)
Then again incidentally
If you're that way inclined

Perfume came naturally from Paris (naturally)
For cars she couldn't care less
Fastidious and precise

She's a Killer Queen
Gunpowder, gelatine
Dynamite with a laser beam
Guaranteed to blow your mind
Anytime

Drop of a hat she's as willing as
Playful as a pussycat
Then momentarily out of action
Temporarily out of gas
To absolutely drive you wild, wild
She's all out to get you

She's a Killer Queen
Gunpowder, gelatine
Dynamite with a laser beam
Guaranteed to blow your mind
Anytime

Ooh, recommended at the price
Insatiable an appetite
Wanna try?
You wanna try

Expression check list

decline 거절하다
well versed in etiquette 매너에 정통한
extraodinarily 보통 이상으로
Killer Queen 최고의 여인
gunpowder 화약
gelatine 젤라틴
blow someone's mind ~을 감동시키다

recommend 추천하다
insatiable 대체할 수 없는, 대체 불가의
appetite 식욕
complication 복잡
baroness 백작부인
Geisha 기생 (주로 일본식 술집의)
inclined 마음이 내키면
temporarily 잠정적으로

Embedded context

She keeps her Moet et Chandon in her pretty cabinet.

그녀는 예쁜 캐비닛 속에 모에 에 샹동 같은 고급 술을 보관하고 있죠.

"Let them eat cake," she says just like Marie Antoinette.

"(빵이 없으면) 케이크를 먹으라고 해"라고 했던 마리 앙투아네트를 빗댄 표현으로 사치스런 주인공을 표현한 것이다.

A built-in remedy for Kruschev and Kennedy.

흐루쇼프와 케네디의 회담도 성사시킬 능력이 있는 그녀. **You can't decline**(당신은 거절 못 하죠). 흐루쇼프는 냉전시대의 소련 공산당 서기장. 쿠바의 미사일 기지 문제로 케네디와 3차 세계대전 촉발 직전의 사태를 연출했던 장본인.

Caviar and cigarettes, well versed in etiquette, extraordinarily nice.

캐비어와 담배를 즐기며 매너도 좋은 그녀는 너무나 멋져요.

She's a Killer Queen. 그녀는 너무나 매력적인 여자.

여기서 killer는 '살인자'가 아닌 '매력 덩어리'란 뜻.

To avoid complications she never kept the same address

혼란을 피하기 위해서 같은 주소는 절대 사절.

무슨 뜻일까? 여러 명을 상대하다 보니 그들이 동시에 자신의 집을 찾았을 때 벌어지는 불상사는 막겠다며 수시로 거처를 옮긴다는 뜻.

Met a man from China went down to Geisha Minah.

중국에서 온 손님을 기생 미나에게로 데려 간다.

내용으로 미루어 주인공은 직접 매춘부로 활약(?)도 하며 종종 **match maker**로서(사실상 **pimp**) 손님과 다른 매춘부를 연결시켜주는 고리 역할도 한 것.

From Dr. Kwak

    이 곡을 번역하고 해설하는 내내 몹시 불편했다. 자문을 해봤다. "과연 이 노래를 꼭 이 책에 실어야 하나?", "그냥 빼버릴까?" 더욱이 펜으로 쓴 원고를 타이핑하며 자료를 정리하는 조교들은 이제 20세를 갓 넘긴 학생들이다. 아무리 교수를 도와 영어 교재 출판에 일익을 담당한다는 명분이 있지만 쑥스럽고 민망하긴 마찬가지다.
    그러나 노래의 내용을 가감 없이 전해야 한다는 일념으로 밀고 나갔다.

    이 노래는 전형적인 노블티 송이다. Killer Queen은 '뇌쇄의 여왕'이다. 영향력이 있는 콘텐트는 'killer content'이다. Queen은 1인자 여성이다.
    '피겨 Queen'은 김연아이고, '빙상 Queen'은 이상화이다. LPGA의 한국 선수 중 박지은 선수는 birdie를 잘한다고 '버디 Queen'이었다. 조금은 불편해도 이 책의 집중 의도인 '정확한 해석을 통한 친숙한 언어 습득'을 생각하며 계속 진행하기로 했다.
    1960년대 초현실주의 프랑스 영화 중 여배우 카트린 드뇌브가 주연한 〈세브린느(원제: **Belle de Jour**)〉(1967)가 있다. 양갓집 규수이자 귀족 집안의 며느리로 부러울 것이 없는 주인공이 일상의 무료함을 이기지 못해 낮 시간에 은밀히 상류사회의 VIP를 상대하는 매춘부로 변신하는 영화이다. 이 노래를 들을 때마다 이 영화가 떠오른다.

    노래 초반부에 나오는 **"Let them eat cake"**은 잘 알려진 대로 마리 앙투아네트가 한 말이다. 역사적으로는 프랑스 대혁명의 정당화를 위한 명분으로까지 올라간다.
    피지배 계급이던 노동자, 농민들이 지배 계급을 향해 항거한 초유의 사건이었다. 신하들로부터 백성들이 먹을 빵이 없다는 보고를 받고 "그러면 케이크 먹으라고 해(Let them eat cake)"라고 한 무지한 발언은 순진한 농민들의 공분을 샀다.
    Queen의 세 번째 앨범에 수록됐지만 세계적으로 알려진 첫 번째 싱글 곡이었다.
    가장 와 닿는 얘기는 고인이 된 그룹 멤버 Freddie의 언론 인터뷰이다.
    "**Classy people can be whores as well**(상류층 중에도 매춘하는 사람 많아요)."
    무슨 확신에서 나온 말일까?

Song 41

Irreplaceable
by Beyoncé

동거남을 쫓아내며 호통치는 영어

동거하던 남자 친구의 변심을 확인하고 철저하게 응징하는 여자의 노래이다. 이삿짐 차를 불러 놓고 서로의 짐을 분리하면서 노래가 시작된다. 노래가 시작될 때 'to the left, to the left'가 반복해서 나오는데 '(짐을) 왼쪽으로 치우라'는 뜻이다.

Artist profile

Beyoncé는 아마도 이 시대에 존재하는 가장 뛰어난 female artist일 것이다. 아버지의 강력한 후원에 힘입어(아버지는 음반 제작자이자 작곡가) 어린 시절부터 여러 차례 오디션에 합격했다. R&B 그룹인 Destiny's Child를 통해 정상의 아티스트임을 인정받고, 2005년부터 솔로로 활약하며 최고의 명성을 누리고 있다.

Irreplaceable

by Beyoncé

To the left, to the left
To the left, to the left
To the left, to the left

Everything you own in the box to the left
In the closet that's my stuff, yes
If I bought it, please don't touch

And keep talking that mess, that's fine
But could you walk and talk at the same time?
And it's my name that's on that tag
So remove your bags, let me call you a cab

Standing in the front yard, telling me
How I'm such a fool, talking about
How I'll never ever find a man like you
You got me twisted

You must not know 'bout me
You must not know 'bout me
I could have another you in a minute
Matter fact, he'll be here in a minute, baby

You must not know 'bout me
You must not know 'bout me
I can have another you by tomorrow
So don't you ever for a second
Get to thinking you're irreplaceable?

So go ahead and get gone
And call up that chick and see if she's home

Oops, I bet you thought that I didn't know
What did you think I was putting you out for?

Because you was untrue
Rolling her around in the car that I bought you
Baby, you dropped them keys
Hurry up before your taxi leaves

Standing in the front yard, telling me
How I am such a fool, talking about
How I'll never ever find a man like you
You got me twisted

You must not know 'bout me
You must not know 'bout me
I can have another you in a minute
Matter fact, he'll be here in a minute, baby

You must not know 'bout me
You must not know 'bout me
I'll have another you by tomorrow
So don't you ever for a second
Get to thinking you're irreplaceable?

So since I'm not your everything
How about I'll be nothing, nothing at all to you
Baby, I won't shed a tear for you
I won't lose a wink of sleep
'Cause the truth of the matter
Is replacing you is so easy

To the left, to the left
To the left, to the left
To the left, to the left
Everything you own in the box to the left

To the left, to the left
Don't you ever for a second
Get to thinking you're irreplaceable?

You must not know 'bout me
You must not know 'bout me
I can have another you in a minute
Matter fact, he'll be here in a minute, baby

You must not know 'bout me
You must not know 'bout me
I can have another you by tomorrow
So don't you ever for a second
Get to thinking, baby

You must not know 'bout me
You must not know 'bout me
I can have another you in a minute
Matter fact, he'll be here in a minute

You could pack all your things, we're finished
(You must not know 'bout me)
'Cause you made your bed, now lay in it
(You must not know 'bout me)
I can have another you by tomorrow
Don't you ever for a second
Get to thinking you're irreplaceable?

Expression check list

to the left 왼쪽으로
that's my stuff 그건 내 물건이야
keep talking that mess 쓸데없는 소릴 떠들다
walk and talk at the same time 쫓겨나는 주제에 말도 많이 하는군
tag 꼬리표
call a cab 택시를 부르다
you got me twisted 네가 날 혼란에 빠뜨렸어

for a second 1초라도, 잠시라도
chick 여자
irreplaceable 대체할 수 없는, 대체 불가의
untrue 거짓의
matter of fact 사실상
shed a tear 눈물 흘리다
lose a wink of sleep 한 숨도 못 자다
replace 대체하다

Embedded context

Everything you own in the box to the left.
네가 가진 소유물을 담은 박스는 무조건 왼쪽으로.

처음부터 함께 살던 시절의 짐을 분리하느라 분주하다.
주로 여자의 일방적인 명령문 '왼쪽으로, 왼쪽으로(to the left, to the left)'.

Could you walk and talk at the same time? 제발 그만 떠들고 나가 줄래

네가 아무리 떠들어 봐야(keep talking that mess) 소용없으니, 떠나가라는 뜻.

You got me twisted. 너 때문에 내 인생은 꼬였다.

특히 주인공이 화가 난 것은 '내가 사 준 차에서 다른 여자와 놀아났다(rolling her around in the car that I bought you)'는 사실이다.

I could have another you in a minute.
금새 또 다른 너를 가질 수 있어.

자신만만하다. 새로운 연인은 곧 만들 수 있다고 한다.

Matter fact, he'll be here in a minute, baby.
사실. 곧 그 남자가 오기로 했어.

새로운 남자가 곧 네 자리를 메우기 위해 도착할 거라고 한다. 그러니 넌 결코 대체불가(irreplaceable)가 아니라고 한다.

From Dr. Kwak

가사 없이 이 노래를 처음 들었을 때 'to the left, to the left'라는 시작 부분이 참 인상적이었다. 사실상 전체적인 내용을 모르면 다짜고짜 뭘 왼쪽으로 보내라는 건지 알 수가 없다. 보통 길에서 외국인들이 길을 물어오면 "Go straight and turn to the left."란 식으로 말하지 않나? 알고보니 남자 친구와 헤어지면서 서로의 짐을 구분하면서 나오는 얘기였다.

방송사 오디션 프로그램에서 중학생쯤 되어보이는 앳된 소녀들이 이 곡을 불렀던 것이 인상 깊게 느껴졌다. 2011년 KBS에서 〈곽영일의 테마 팝스〉를 진행하며 가사를 자세히 살펴보고 놀랐는데, 리얼하면서도 파격적인 가사 때문이었다.

특히 어쿠스틱 기타의 선율에 맞춰서 비욘세가 바람난 남친에게 던지는 응징의 메시지가 서슬 퍼렇게 다가온다(In this acoustic guitar driven burner, Beyoncé sings from the standpoint of a woman who is addressing her lover, who has been cheating on her).

이 노래를 작곡한 Ne-Yo는 자신의 이모와 그녀의 바람난 연인을 소재로 했다(Ne-Yo was inspired by his aunt and her unfaithful lover).

우연히 이모의 집에 들렀다가 둘 사이의 다툼을 보게 되었는데, 이모의 남편이 "내 짐들 다 어디 갔어(Where's my stuff)?"라고 하자, 이모가 "응, 옷장 왼쪽 박스에 있어. 내 것은 여기에 있고(Oh, everything you own is in the box to the left. Mine is over here)."라고 말한 걸 듣고 노래로 만들었다.

Song 42

Gimme! Gimme! Gimme!
by ABBA

외로움에 치를 떠는 독신녀의 영어

애인이 없는 골드미스는 외롭다. 젊은 시절처럼 소개팅이 빈번한 것도 아니다.
그렇다면 그녀들의 소일거리는 무엇일까? 바로 TV밖에 없다.
밤 12시 반, TV도 끝났다. 남자의 손길이 그립다. 그래서 외친다.
"Give me a man after midnight(12시 넘어 남자를 보내주오)."

Artist profile

스웨덴의 팝 그룹 ABBA라는 명칭은 멤버들의 이름 첫 글자에서 따온 것이다(ABBA is an acronym of the first letters of the band members' first names). 이들은 1975~1982년이 전성기였는데, 해체된 지 30년 이상이 흐른 지금도 그들의 노래는 영화나 뮤지컬의 리메이크로 재탄생되어 여전히 팬들과 함께 하고 있다. 놀라운 것은 미국 땅에선 외국인임에도 불구하고 한때는 미국 내에서 자국 가수들보다 더 많은 음반을 판매하기도 했었다.

Gimme! Gimme! Gimme!

by ABBA

Half past twelve
Watchin' the late show
In my flat all alone
How I hate to spend
The evening on my own

Autumn winds
Blowin' outside the window
As I look around the room
And it makes me so
Depressed to see the gloom

There's not a soul out there
No one to hear my prayer

Gimme! Gimme! Gimme!
A man after midnight
Won't somebody help me
Chase the shadows away
Gimme! Gimme! Gimme!
A man after midnight
Take me through the darkness
To the break of the day

Movie stars
Find the end of the rainbow
With a fortune to win
It's so different from
The world I'm living in

Tired of TV

I open the window
And I gaze into the night
But there's nothing there to see
No one in sight

There's not a soul out there
No one to hear my prayer

Gimme! Gimme! Gimme!
A man after midnight
Won't somebody help me
Chase the shadows away
Gimme! Gimme! Gimme!
A man after midnight
Take me through the darkness
To the break of the day

Gimme! Gimme! Gimme!
A man after midnight

Gimme! Gimme! Gimme!
A man after midnight

There's not a soul out there
No one to hear my prayer

Gimme! Gimme! Gimme!
A man after midnight
Won't somebody help me
Chase the shadows away
Gimme! Gimme! Gimme!
A man after midnight
Take me through the darkness
To the break of the day

Gimme! Gimme! Gimme!
A man after midnight
Won't somebody help me
Chase the shadows away
Gimme! Gimme! Gimme!
A man after midnight
Take me through the darkness
To the break of the day

Expression check list

	soul 사람
half past twelve 12시 반	**chase the shadows away** 그림자를 쫓다
late show 야간 토크쇼	**break of the day** 새벽
flat 아파트, 숙소	**fortune** 행운, 재산
depressed 우울한	**tired of** ~에 지친

Embedded context

Half past twelve. 12시가 넘은 야심한 시각.

난 홀로 집에 남아서 늦은 시간까지 TV를 봅니다. 그리고 이제부터는 참으로 괴로운 시간이 시작됩니다(I hate to spend the evening on my own).

창밖에는 가을 바람이 솔솔 불고요(Autumn winds blowing outside the window).

It makes me so depressed to see the gloom.
내가 할 수 있는 일이라곤, 어둠을 쳐다보는 일인데, 그것도 괴롭다.

Gimme! Gimme! Gimme! A man after midnight.
자정이 넘으면 남자를 보내 주세요.

영화 속의 주인공들은 결국은 해피엔딩으로 막을 내린다(Movie stars find the end of the rainbow). 엄청난 행운을 손에 쥐고(with a fortune to win) 기뻐하지만, 그건 내가 처한 현실과는 거리가 멀다(It's so different from the world I am living in). 그래서 내린 결론. TV가 지겹다(I am tired of TV).

과연 외로운 이 밤을 함께하며 아침을 맞이할 백마 탄 왕자님은 없는가(Gimme a man to take me through the darkness to the break of the day)?
gimme는 **give me**의 관용적 표현이다.
wanna가 **want to**에서, **gonna**가 **going to**에서 비롯된 것과 같다.

이 노래는 독신녀의 하소연을 담은 내용이 주를 이룬다.

give me a man after midnight에서 보듯이 12시까지는 TV를 보면서 어느 정도 외로움을 달랠 수 있으나, TV도 꺼지고 할 일이 없어지면 남자가 생각난다는 노골적인 가사이다.

이 노래가 "Gimme! Gimme! Gimme!"란 제목으로 알려지다 보니 보통 사람의 기준에서는 상상하기 힘든 가사지만 무심코 지나쳐 온 것이 사실이다. 하지만 내용을 알고 나면 웃음이 절로 나는 코믹 송이다.

From Dr. Kwak

ABBA의 활동 기간은 10년(1972~1982)이다. 역사상 미국에서 가장 성공한 외국인 아티스트들로, 3억 8천만 장의 album을 팔았다. 비영어권 출신으로 영어권에서 최고의 인기를 누린 그룹이다(ABBA was the first group to come from a non-English-speaking country to enjoy consistent success in the charts of English-speaking countries, including the UK, Ireland, the U.S., Canada, Australia, and South Africa).

그러나 정작 본국에서는 해외에서만큼 큰 인기를 누리지 못했는데 주된 이유는 ABBA의 노랫말이었다. 이 책에 나오는 또다른 ABBA 곡 "Honey, Honey"도 그랬지만 "Gimme! Gimme! Gimme!"의 자극적이고 노골적인 가사는 70년대 스웨덴에 불고 있던 '사회주의 혁명 운동'과는 배치됐다. ABBA의 패션과 무대 매너도 보수 성향을 지닌 스웨덴의 젊은이들에게 배척의 대상이었다.

그래서였을까? ABBA 멤버들은 정치적인 사안에 대해서는 극도로 민감하다. 2010년에 덴마크 우파 정당인 Danish People's Party가 선거 홍보용으로 "Mamma Mia"를 가사만 바꿔서 사용했다가 법정 소송 직전까지 가는 일이 있었다. 어떤 이유를 막론하고 자신의 노래가 정치적으로 이용되는 것을 꺼리는데 1970년대에 겪은 일들로 인해 생긴 트라우마 때문이다.

Song 43

When I Dream
by Crystal Gayle

**남성 팬들의 육탄 공세에 시달리는
여성 슈퍼스타의 시름 섞인 영어**

이 노래의 주인공은 슈퍼스타 연예인이다.
자가용 비행기도 갖고 있고 거대한 저택에 산다. 사치품은 협찬으로 가능하고 비서가 모든 것을 알아서 해준다. 그리고 이름 모를 남자들이 언제나 침대에서 기다린다고 한다.
하지만 그녀가 그리워하는 사람은 곁에 없다.

Artist profile

1951년생으로, Crystal Gayle의 대표 곡은 1977년에 발표한 "Don't It Make My Brown Eyes Blue"이다. 전성기였던 1970~80년대에만 무려 20곡의 Top 10 히트 곡을 선보였다. 1983년 *People*지가 선정한 '아름다운 사람들 50인'에 선정되기도 했다. Loretta Lynn이라는 또 다른 컨트리 슈퍼스타와는 자매간임에도 예명을 쓰다보니 이름이 확연히 차이가 난다.

When I Dream

by Crystal Gayle

I could have a mansion that is higher than the trees
I could have all the gifts I want and never ask please
I could fly to Paris, oh, it's at my beck and call
Why do I go through life with nothing at all?

But when I dream, I dream of you
Maybe someday you will come true

I can be the singer or the clown in every room
I can even call someone to take me to the moon
I can put my makeup on and drive the men insane
I can go to bed alone and never know his name

But when I dream, I dream of you
Maybe someday you will come true

But when I dream, I dream of you
Maybe someday you will come true

Expression check list

mansion 대저택
never ask please 결코 사정하지 않다
at someone's beck and call ~가 시키는 대로 하는, ~가 마음대로 부릴 수 있는 (=always ready to do what someone asks)
come true 나타나다 (=appear)
clown 어릿광대
put on makeup 화장하다, 분장하다
insane 미친

Embedded context

I could have all the gifts I want and never ask please.
원하는 모든 선물을 부탁하지 않아도 받을 수 있어요.

주인공은 협찬 상품도 무료로 제공받을 정도로 유명인이다.

I could fly to Paris, it's at my beck and call.
나는 파리로 날아 갈 수도 있어요. 언제나 내 마음대로 할 수 있지요.

일반 여객기는 내가 원한다고 아무 때나 이륙하지 못한다. 하지만 이 노래 주인공은 가수이면서 어릿광대이다(I can be the singer or the clown in every room). 이 정도라면 남자로 치면 최소한 Elvis Presley 정도는 될 것이다.

I can go to bed alone and never know his name.
혼자 잠이 들고는 그 사람의 이름도 기억하지 못해요.

나에게 반한 남자들이 침대에서 날 기다린다는 뜻이 내포되어 있다.

그러나 꿈만 꾸면 나타나는 그대(When I dream, I dream of you).

언젠가 내 앞에 나타나시겠지요(May be someday you will come true).

From Dr. Kwak

You think I am at your beck and call?
내가 그렇게 만만히 보이나요?

노래 가사 가운데 **It's at my beck and call**이 나온다. 내가 고개만 까딱하면 뭐든지 다 들어주는 형국이다. 원고를 쓰고 있는 요즘(2015년 5월) 한창 인기 있는 〈프로듀서〉라는 드라마에서 '신디'라는 아이돌 스타는 그야말로 여왕이다. 매니저가 뭐든지 해주기 때문이다.

1990년 초에 등장했던 **romantic comedy** 영화 〈Pretty Woman〉이 있다.

첫 장면에서 남자 주인공 리처드 기어(Richard Gere)에게 여자 친구가 불평하는 대사가 나온다. 남친이 갑자기 뉴욕에서 **L.A.**로 오라고 하자 "내가 당신이 오라고 하면 오고 가라고 하면 가는 사람인 줄 아느냐?"라는 말을 하는데 **"You think I am at your beck and call?"**이라고 한다.

이 노래는 1990년대 국산 **blockbuster** 영화 〈쉬리〉에 삽입되면서 크게 인기를 끌었다.

원곡의 주인공은 **Crystal Gayle**로, 가사 내용은 모든 것을 소유한 슈퍼스타(여자)가 결국은 진실한 사랑을 찾지 못해 안타까워한다는 것이다.

이 노래의 충격적인 가사는 자신이 화장만 제대로 하면 남자들이 전부 기절하고(**I can put my makeup on and drive the men insane**), 침대에 들면 이름 모를 남자들이 기다리고 있어요(**I can go to bed alone and never know his name**).

아름다운 발라드로만 기억되는 곡이 이런 충격적인 가사가 포함되리라곤 미처 몰랐었다. 이 노래가 남자를 주인공으로 하지 않고 여성을 내세웠기에 더더욱 파격적인 노블티 송이 되었다.

Song 44

Mrs. Robinson
by Simon & Garfunkel

딸의 약혼자와 통정(通情)한 여자의 영어

영화 〈The Graduate(졸업)〉의 OST.
영화의 내용과 따로 떼놓고는 설명이 불가능한 노랫말이다.
이 노래는 딸의 남자 친구와 우발적으로 육체관계를 맺게 된 여인에 대한 내용이다.
연하의 남성과 정을 통한 뒤 그가 딸의 약혼자임을 알고 기겁을 한 뒤 두문불출한다.
그래도 훌훌 털고 다시 현실에 적응하라는 위로의 노래이기도 하다.

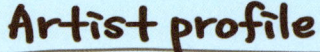

두 사람은 미국이 낳은 최고의 듀오이다. 그러나 최근에 Art Garfunkel이 기자회견을 통해서 Paul Simon을 맹비난하고 나섰는데, 자신의 앞길을 막은 장본인이 바로 그라는 것이다. 그들은 음악적 견해 차이가 있었지만 모든 재량권을 폴 사이먼이 가져가면서 어느 정도 불협화음은 물밑으로 들어갔었다. 말년에 와서야 아트 가펑클이 폭발한 이유가 무엇인지 궁금하다. 비틀스도 존 레넌 사후에 폴 매카트니가 주도권을 쥐면서 George Harrison이 소외감을 느꼈다고 한다. 그래서일까? 사석에서 조지 해리슨이 아트 가펑클에게 "두 Paul이 우리 둘을 망쳤다"고 토로한 적이 있었다고 한다.

Mrs. Robinson

by Simon & Garfunkel

And here's to you, Mrs. Robinson
Jesus loves you more than you will know (Wo, wo, wo)
God bless you please, Mrs. Robinson
Heaven holds a place for those who pray
(Hey, hey, hey ... hey, hey, hey)

We'd like to know a little bit about you for our files
We'd like to help you learn to help yourself
Look around you, all you see are sympathetic eyes
Stroll around the grounds until you feel at home

And here's to you, Mrs. Robinson
Jesus loves you more than you will know (Wo, wo, wo)
God bless you please, Mrs. Robinson
Heaven holds a place for those who pray
(Hey, hey, hey ... hey, hey, hey)

Hide it in a hiding place where no one ever goes
Put it in your pantry with your cupcakes
It's a little secret, just the Robinsons' affair
Most of all, you've got to hide it from the kids

Coo, coo, ca-choo, Mrs Robinson
Jesus loves you more than you will know (Wo, wo, wo)
God bless you please, Mrs. Robinson
Heaven holds a place for those who pray
(Hey, hey, hey ... hey, hey, hey)

Sitting on a sofa on a Sunday afternoon
Going to the candidates' debate
Laugh about it, shout about it

When you've got to choose
Ev'ry way you look at it, you lose

Where have you gone, Joe DiMaggio?
A nation turns its lonely eyes to you (Woo, woo, woo)
What's that you say, Mrs. Robinson
Joltin' Joe has left and gone away
(Hey, hey, hey ... hey, hey, hey)

Expression check list

sympathetic 동정 어린
stroll around 거닐다
Here's to you 건배
pantry 찬장
affair 여기서는 love affair(육체관계)의 줄임말

candidates' debate 후보자 토론회
every way you look at it, you lose 어딜 봐도 잃을 것밖에 없는 상황
Joe DiMaggio 조 디마지오(1950년대의 유명한 미국 야구 선수)
jolting 흔들리는, 쇠락하는

Embedded context

Here's to you, Mrs. Robinson. 로빈슨 여사 힘내세요.

예수님은 상상 이상으로 당신을 사랑하신답니다(**Jesus loves you more than you will know**).

그까짓 일로 좌절할 필요 없다는 의미를 내포하고 있다.

하늘은 언제나 기도하는 자의 편이라고요(**Heaven holds a place for those who pray**).

We'd like to know a little bit about you for our files.
당신에 대해서 조금 알고 싶은 게 있어요.

왜냐하면 당신 스스로 깨닫도록 돕고 싶거든요(**We'd like to help you learn to help yourself**).

Stroll around the grounds until you feel at home.
산책을 하며 마음을 푸세요.

You've got to hide it from the kids. 애들이 알면 민망하니 일단 비밀로 해두세요.

일상의 생활로 돌아오라고 노래한다. 가령 일요일엔 소파에 앉아서 편안히 즐긴다거나, 선거 유세장에 가서 지지자를 향해 환호를 보내라(**Going to the candidates' debate**)고 충고한다. 이 노래를 들으면 생각나는 사람이 있는데 LG에서 뛰었던 외국인 강타자 페타지니이다. 그는 요미우리 시절 친한 동료의 어머니와 결혼했던 장본인. 행복하게 잘 살고 있다. 대단한 연상연하 커플이다.

From Dr. Kwak

이 노래는 영화 〈The Graduate〉(1967)의 OST이다. Anne Bancroft가 Mrs. Robinson역을 맡았다. 중년 여성으로 젊은 청년 Dustin Hoffman을 유혹하는 역할이었다.

노래 속의 Joe DiMaggio는 1951년에 은퇴한 New York Yankees의 4번 타자이고, Marilyn Monroe와 결혼했었다.

흘러간 영웅으로 조 디마지오를 상징적으로 선택했는데, 이 노래의 성공으로 그는 baby boomer 세대들에게 각인된 인물이었다. 사실 폴 사이먼은 조 디마지오보다 Mickey Mantle 이라는 또 다른 타격왕의 광팬이었다. 어떤 토크쇼에서, 자신이 더 좋아하는 사람 대신 조 디마지오를 선택한 것에 대한 그의 대답은 "음절 때문이다. 박자 맞추다 보니 어쩔 수 없었다(It's about syllables. It's about how many beats there are)."라고 했다.

〈졸업〉의 감독인 Mike Nichols는 폴 사이먼이 써 온 두 곡을 거절하고 세 번째에야 오케이 사인을 냈다. 지금 같으면 상상하기 힘든 경우지만 그 당시에는 니콜스 감독이 갑이었다.

1965~1966년은 사이먼과 가펑클이 막 명성을 얻기 시작한 때이다. 니콜스 감독은 〈졸업〉을 구상하는 단계부터 이들 duo를 OST 작업의 적임자로 염두에 두었다고 한다.

노래 끝에 "디마지오여, 그대는 어디 갔는가?"라는 가사 때문에 실제로 조 디마지오는 상당히 불쾌해했다고 한다. 하지만 노래가 히트한 뒤 폴 사이먼과 식사를 하면서 가사의 의미를 전해듣고 흡족해했다고 한다. 1999년에 조 디마지오가 타계했을 때는 Bill Clinton 대통령의 성 추문이 크게 불거졌을 때였다. "이럴 때 생각나는 사람이 조 디마지오다. 그의 고매한 인격과 품위가 그립다(In these days of Presidential transgressions, we grieve for Joe DiMaggio and mourn the loss of his grace and dignity)."

그가 몸 담았던 뉴욕 양키스는 그가 세상을 떠난 뒤 한 달간 "Mrs. Robinson"을 추모의 뜻으로 Yankee Stadium에서 경기 전후에 틀었다.

Song 45

The Most Beautiful Girl
by Charlie Rich

운우(雲雨)의 정(情)을 나눈 뒤
눈물 흘리는 여자의 영어

남녀의 정교(情交)를 이르는 사자성어로 운우지정(雲雨之情)이 있다.
초(楚)나라 회왕(懷王)이 꿈속에서 어떤 여인과 잠자리를 같이 했는데, 부인이 떠나며 아침에는 구름이 되고 저녁에는 비가 되어 존재하겠다고 한 데서 유래했다.
이 노래는 남자가 간밤에 했던 자신의 행동을 후회하면서 시작된다.

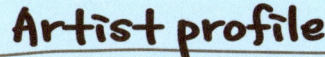

Charlie Rich라고 하면 국내 팬들에게는 영화 〈Benji〉(1974)가 떠오른다. 주제가 "I Feel Love"를 불렀기 때문이다. 많은 가수들이 그렇듯 1932년생인 그도 오랜 무명 생활을 겪었다. 1973년에 불멸의 히트 곡 "Behind Closed Doors"를 히트시킨 뒤 그가 얻은 별명은 Silver Fox. 아마도 은발의 머릿결 때문에 생긴 닉네임인 듯하다. 그리고 바로 이 곡 "The Most Beautiful Girl"로 그래미상의 영광을 얻었다. 1995년 62세를 일기로 다소 이른 나이에 세상을 떠난 것이 아쉽다.

The Most Beautiful Girl
by Charlie Rich

Hey, did you happen to see the most beautiful girl in the world?
And if you did, was she cryin', cryin'?
Hey, if you happen to see the most beautiful girl that walked out on me:
Tell her, "I'm sorry."
Tell her, "I need my baby."
Oh, won't you tell her that I love her?

I woke up this morning, realized what I had done.
I stood alone in the cold gray dawn:
I knew I'd lost my morning sun.
I lost my head and I said some things,
Now come the heartaches that the morning brings.
I know I'm wrong and I couldn't see,
I let my world slip away from me.

So, hey, did you happen to see the most beautiful girl in the world?
And if you did, was she cryin', cryin'?
An' hey, if you happen to see the most beautiful girl that walked out on me:
Tell her, "I'm sorry."
Tell her, "I need my baby."
Oh, won't you tell her that I love her?

If you happen to see the most beautiful girl that walked out on me:
Tell her, "I'm sorry."
Tell her, "I need my baby."
Oh, won't you tell her that I love her?

Expression check list

happen to 우연히 ~하다
walk out on ~을 버리고 떠나다(=abandon or desert someone)
won't you~? ~해 주시겠어요?

in the cold gray dawn 차가운 어스레한 공기가 새벽녘에
heartache 마음의 고통, 고민
wrong 잘못된
slip away 멀어져 가다
baby 연인

Embedded context

Did you happen to see the most beautiful girl in the world?
혹시 이 세상에서 가장 아름다운 여인을 보신 적이 있나요?

만약 보셨다면 그녀는 울고 있었나요**(And if you did, was she crying, crying?)**.

아침에 일어나서 간밤에 내가 저지른 일에 대해서 알게 되었어요**(I woke up this morning, realized what I had done)**.

차가운 새벽녘에 홀로 서 있었어요**(I stood alone in the cold gray dawn)**.

사랑하는 그녀가 내 곁을 떠났어요**(I knew I'd lost my morning sun)**.
연인과의 이별을 태양을 잃은 걸로 비유한다.

내가 제정신이 아닌 상태에서 실언을 했습니다**(I lost my head and I said some things)**.
바로 이부분이다. 어떤 형태로든 남자는 여자에게 상처를 줬다. 크게 다툼이 있게 된 동기는 반드시 있다.

곁을 떠난 여인을 만나면 반드시 전해주세요. 미안하단 그 한마디**(Tell her, I am sorry)**.
그리고 아직도 그녀를 원한다는 사실도요**(I need my baby)**.

세상에서 가장 아름다운 여인**(the most beautiful girl)**은 Miss USA도 Miss Korea도 아니다. 주인공이 정의하는 아름다운 여인은 오늘 아침 자신의 곁을 떠난 여인이다.

From Dr. Kwak

'연인'을 뜻하는 여러 가지 단어들

노래의 주인공은 내 연인을 돌려달라고 애원한다(I need my baby). baby는 전형적인 '연인'을 표현하는 말. 주로 sweetheart라고 하기도 하고, flame이라고도 한다. '옛 연인'은 old flame. better half는 주로 남편이 아내를 칭할 때 쓰는 말.

아직 영어가 익숙하지 않던 어린 시절 "Baby, I Love You"라는 Andy Kim의 노래를 좋아했는데 솔직히 어린이집에서 아이들과 어울리는 노래인 줄 알았다. 처음엔 다 그렇다. 영어 회화 초보 시절 원어민들이 you know, you know하는 말들이 '너 알지, 너 알지'로 들려서 혼란을 겪은 적이 있었다. 대화를 원활하게 하고자 하는 hesitation technique(주저하는 기술)인 걸 몰랐을 때였다.

중·고등학교 시절 이 곡을 기타로 무수히 연주하고 노래를 불렀다. 솔직히, 깊이 가사를 생각하지 않고 무작정 따라 했었다. 훗날 팝송 가사를 연구하며 이 노래의 가사를 보니 나름대로 story line이 형성되어 있는 걸 알고 놀랐었다. 지극히 평범한 가사에 단순한 멜로디지만 그 자체로 노래의 매력이 있었다. 일순간의 실수로 사랑하는 연인의 마음을 아프게 하고 결국 이별의 아픔을 맛본 경험이 있는 사람이라면 이 노래가 와 닿을 수밖에 없다.

혜은이의 '제3한강교'란 곡이 한때 금지곡이었던 시절이 있었다. 이유는 가사 한 줄 때문이었다. '오늘 처음 만나서 사랑을 하고, 이 밤이 새고 나면 첫차를 타고 떠나갈 거예요.' 물론 검열을 피하기 위해 나중에 가사가 살짝 바뀌긴 했어도, 하룻밤 사랑을 나누고 헤어지는 것이 미풍양속(美風良俗)을 해친다는 것이 1970년대의 윤리 기준이었다. "The Most Beautiful Girl"도 그런 관점으로 이해하면 좋겠다.

1980년대에 사랑받았던 조하문(지금은 목사님)의 노래 중에 '이 밤이 다 가도록 당신과 함께 있고 싶어요' 또는 심수봉의 '남자는 배 여자는 항구'도 상상하기에 따라서 상당히 문란한 가사가 될 수도 있겠다. 그러나 그 어떤 한국인도 그렇게 판단하지는 않을 것이다. 팝송도 마찬가지다. 외국어로 접하는 우리 입장과 모국어로 대하는 그들 입장과는 사뭇 다르다. 팝송 가사는 심각하게 받아들일 필요가 없다. 영어 공부의 소재 이상도 이하도 아니다.

Song 46

For The Peace Of All Mankind
by Albert Hammond

하룻밤 사랑을 잊지 못해 애태우는 남자의 영어

남녀가 우연히 만나서 나누는 하룻밤 사랑은 영어로 one-night stand이다. 이 노래는 one-night stand를 즐기던 playboy가 우연히 한 여인을 만나 진정한 사랑을 느꼈지만 그녀를 더는 만날 수가 없게 되자 괴로움 속에 나날을 보낸다는 내용을 담고 있다.

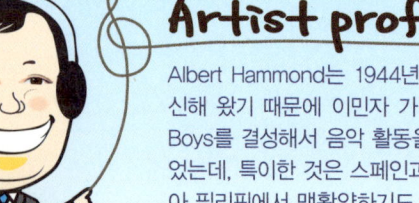

Artist profile

Albert Hammond는 1944년 영국 런던 출생이지만, 제2차 세계대전 중 가족들이 Gibraltar에서 피신해 왔기 때문에 이민자 가정 출신이다. 1960년에 영국 식민지 Gibraltar에서 밴드 The Diamond Boys를 결성해서 음악 활동을 했다. 1970년도 들어 얼마 후 미국으로 이주해서 본격적인 명성을 얻었는데, 특이한 것은 스페인과 남미 쪽에서 더욱 폭발적인 인기를 얻었다는 것이다. 1981년에는 동남아 필리핀에서 맹활약하기도 했는데 당시의 필리핀은 지금과는 다르게 경제적으로도 안정이 되어 있었고, 영어를 공용어로 사용하고 있어 외국 가수가 활동하는 것에 대한 거부감이 덜 했던 듯하다.

For The Peace Of All Mankind

by Albert Hammond

You turned me on
So bad
That there was only one thing on my mind
An overnight affair
Was needed at the time
Hello, goodbye
No searching questions
That was clearly understood
But how was I to know
That you would be so good?

For the peace
For the peace
For the peace of all mankind
Will you go away
Will you go away
Will you vanish from my mind
Will you go away and close the bedroom door
And let everything be as it was before

Too much
Too soon
Too bad it didn't hit me
Till a week had passed
I might have saved the day
If I had acted fast
I looked around
In case you'd scribbled down
Your number secretly
But all you left
Were fingerprints and memories

For the peace
For the peace
For the peace of all mankind
Will you go away
Will you go away
Will you vanish from my mind
Will you go away and close the bedroom door
And let everything be as it was before

For the peace
For the peace
For the peace of all mankind
Will you go away
Will you go away
Will you vanish from my mind
Will you go away and close the bedroom door
And let everything be as it was before

For the peace
For the peace
For the peace of all mankind
Will you go away
Will you go away
Will you vanish from my mind
Will you go away and close the bedroom door
And let everything be as it was before

Expression check list

turn someone on ~을 (성적으로) 흥분시키다, 달아오르게 하다(=make someone feel sexually excited)

one thing on my mind 한 가지 생각

overnight affair 하룻밤 육체관계

all mankind 전 인류

vanish from ~에서 사라지다

scribble down ~을 갈겨쓰다, 끄적거리다

fingerprint 지문

memories 추억

it hit me till a week had passed 깨닫게 되는 데 1주일이 안 걸렸다

Embedded context

You turned me on. 당신에게 반했어요.

철없던 시절 난 하룻밤 사랑에 집착했었지(An overnight affair was needed at the time).

'나는 당신을 좋아한다'를 I like you, I love you로 하는 것은 그야말로 단편적인 1차원 영어다. You turn me on.처럼 two word verb를 쓰면 훨씬 세련되어 보인다. 팝송에서 배우는 고급 표현이다.

만나고 헤어지는 것에 대해선 서로가 묻지 않는 것을 묵계로 하던 시절(Hello, goodbye no searching questions that was clearly understood).

그러나 당신이 이다지도 좋을 줄 어찌 알았겠어요(How was I to know that you would be so good)?

For the peace of all mankind 제발.

내 기억 속에서 사라져 주세요(Will you vanish from my mind)라고 하는 뒤의 문장과 함께 묶어서 이해한다. '인류의 평화를 위해서'는 100% 오역.

It didn't hit me till a week had passed.
일주일이 지날 때까지 깨닫지 못했다.

일주일쯤 지나자 그리움이 폭발하기 시작했다.

I might have saved the day if I had acted fast. 조금만 선수를 쳤으면 좋았을 것을.

'가정법 과거완료'라는 골치 아픈 문법도.노래 속에서 자연스럽게 해결된다.

In case you'd scribbled down your number secretly.
은근히 당신이 몰래 전화번호라도 끄적여 놨을까 기대했었는데.

그러나 돌아온 것은 그녀의 흔적인 듯한 손자국과 아픈 기억뿐(fingerprints and memories)이다.

노래 제목에 전 인류(**all mankind**)와 평화(**peace**)가 들어갔기에 광복절이나 3·1절에 이 노래가 종종 라디오에서 흘러나오던 시절이 있었다(지금은 아니다). 노래 내용은 하룻밤 사랑을 즐기는 바람둥이(**ladies' man**)가 진짜 임자를 만나서 괴로워하는 내용이다.

우선 제목이 "**For The Peace Of All Mankind**"인데 직역하면 '인류 평화를 위해서'이다. 단, 문맥 속에서 뜻을 파악하면 전혀 달라진다.

'**명령문 + for one's sake**'라는 문법 사항을 고려해 보자.

Study hard for God's sake. 제발 공부 좀 열심히 해. 신의 안위를 위해서.
여기서 **sake** 대신 **peace**를 넣어 보자. **Go away for all mankind's peace.**가 되고, 소유격의 법칙에 따라, **Go away for the peace of all mankind.**가 된다.
따라서 이 노래의 제목 "**For The Peace Of All Mankind**"는 '제발'이라고 해석한다.

클럽에서 만난 여인에게 한눈에 반했다(**You turned me on**). 그래서 하룻밤 육체관계(**overnight affair**)를 생각했었다. 그리고 일주일이 지난 뒤(**till a week had passed**) 주인공은 그녀를 찾아 헤맨다. 혹시나 하는 마음에 그 여인이 전화번호라도 적어 놨을까 해서 찾아 봤었다(**In case you'd scribbled down your number secretly**). 하지만, 모두 헛수고였다.

Song 47

The Boxer
by Simon & Garfunkel

**부자간의 갈등을 못 이겨 가출한 뒤
사회의 어두운 곳에서
진정한 사랑을 느끼는 젊은이의 영어**

한 소년이 아버지와의 갈등을 이기지 못해 가출한 뒤 떠돌이 생활을 한다. 굶주릴 때 따뜻한 손길을 내민 사람들은 뜻밖에도 거리의 노숙자들. 급기야 홍등가에서 빌붙어 사는 조폭으로 전락한다. 그리고 훗날 자신의 삶을 돌이켜 보며 그곳의 여인들에게서 진정한 사랑을 느꼈다고 술회한다.

Artist profile

이들은 공식적으로는 1970년에 헤어졌다. 1981년 뉴욕의 Central Park에서의 일시적인 재결합 공연에는 50만 명이 운집했다. 역사상 일곱 번째로 많은 수의 공연이었다. 1960년대를 휩쓴 반문화 운동의 기수였다. 두 사람의 음악적 견해차가 너무 커서 관계를 계속하긴 힘들었다. 초등학교 때부터 친하게 지낸 뒤 고교 시절인 1957년 "Hey, Schoolgirl"이라는 싱글을 녹음하고 Tom and Jerry라는 귀여운 stage name(무대명)으로 데뷔했다. Garfunkel은 'Tom Graph'란 예명을 썼고, Simon은 'Jerry Landis'였다.

The Boxer

by Simon & Garfunkel

I am just a poor boy
Though my story's seldom told
I have squandered my resistance
For a pocket full of mumbles, such are promises
All lies and jests
Still, a man hears what he wants to hear
And disregards the rest

When I left my home and my family
I was no more than a boy
In the company of strangers
In the quiet of the railway station
Running scared
Laying low, seeking out the poorer quarters
Where the ragged people go
Looking for the places
Only they would know

Lie la lie, lie la la la lie lie
Lie la lie, lie la la la la lie la la lie

Asking only workman's wages
I come looking for a job
But I get no offers
Just a come-on from the whores
On Seventh Avenue
I do declare
There were times when I was so lonesome
I took some comfort there, le le le le le le le

Lie la lie, lie la la la lie lie

Lie la lie, lie la la la la lie la la lie

Then I'm laying out my winter clothes
And wishing I was gone
Going home
Where the New York City winters
Aren't bleeding me
Leading me
Going home

In the clearing stands a boxer
And a fighter by his trade
And he carries the reminders
Of ev'ry glove that laid him down
Or cut him till he cried out
In his anger and his shame
"I am leaving, I am leaving."
But the fighter still remains, mmm mmm

Lie la lie, lie la la la la lie lie
Lie la lie, lie la la la la lie la la lie
Lie la lie, lie la la la lie lie
Lie la lie, lie la la la la lie la la lie
Lie la lie, lie la la la lie lie
Lie la lie, lie la la la la lie la la lie
Lie la lie, lie la la la lie lie
Lie la lie, lie la la la la lie la la lie
Lie la lie, lie la la la lie lie
Lie la lie, lie la la la la lie la la lie
Lie la lie, lie la la la lie lie
Lie la lie, lie la la la la lie la la lie
Lie la lie, lie la la la lie lie
Lie la lie, lie la la la la lie la la lie
Lie la lie, lie la la la lie lie
Lie la lie, lie la la la la lie la la lie

Expression check list

seldom 거의 ~하지 않다
squander my resistance 저항을 남발하다
mumble 중얼거림
jest 조롱
disregard 무시하다
in the company of ~와 함께
quiet 적막
run scared 공포스럽다

quarter 지역
ragged 남루한
workman's wages 막노동꾼이 받는 임금
offer 제의
come-on 유혹하는 행동, 집적거림
whore 매춘부
cry out 울부짖다
clearing 빈 터
reminder 떠올리게 하는 것, 상기시키는 것

Embedded context

내 이야기는 별로 알려진 게 없어요. 단지 부친에게 많이 반항한 건 확실하죠(I have squandered my resistance).

A man hears what he wants to hear and disregards the rest.
사람들은 자신이 듣고 싶은 말만 골라 듣고서 그 나머지는 그냥 무시해 버리지.

아버지는 애초부터 나를 무시했다. 그래서 가출했고, 걸인들과 함께 구걸하는 신세로 전락했다. 이리저리 문을 두드려 봤지만 반겨주는 곳은 없었다.

오직 한 군데 나를 부르는 곳은 홍등가의 여인들의 호객 행위(Just a come-on from the whores on Seventh Avenue)뿐이었다.

감히 선언하는데(I do declare) 외로웠던 시절(when I was so lonesome) 나는 그곳에서 위안을 얻었다(I took some comfort there)는 사실을 밝힌다.

권투 선수가 되고 싶었지만 결과는 직업 싸움꾼(a fighter by his trade)으로 전락했다.

나는 누군가의 분노와 치욕을 뒤로한 채 링을 떠난다(In his anger and his shame I am leaving, I am leaving).

From Dr. Kwak

왜 "The Boxer" 노래가 전 세계의 유수 대학의 영문과 석사과정에서 토론의 주제로 쓰일까?

Sylvester Stallone의 영화 〈Rocky〉(1976)를 보면, 1편에서 Rocky는 뚜렷한 직업 없이 부둣가에서 청부 폭력을 행사하는 떠돌이 건달이었다. 물론 권투 선수가 되고 싶어 야간에는 체육관에서 연습을 하기도 했다. 그리고 우연히 들렀던 애견 센터에서 장애인 여성을 만나서 사랑을 하게 되고 점차 새로운 모습으로 변해갔다.

실베스터 스탤론이 〈The Tonight Show Starring Johnny Carson〉에 나와 스스로 "The Boxer"에서 영감을 받아서 〈Rocky〉 대본을 썼다고 실토한 적이 있었다.

노래를 관통하는 전체적인 주제는 가난과 외로움(The song's lyrics discuss poverty and loneliness).

1969년에 발매된 이 노래는 일단 1인칭의 이야기 형식으로 불려지는 슬픈 노래이다(The song takes the form of a first-person lament). 이런 장르의 노래는 전향적인 folk rock ballad인데, 여기서는 3인칭으로 권투 선수를 빙자한 청부 폭력배(a boxer and a fighter by his trade)의 모습을 그리고 있다.

이 곡의 압권은 애처롭게 반복되는 'lie la lie'라는 후렴구이다. 에코가 잔뜩 들어간 드럼 소리가 웅장하게 울려퍼지며 극적인 분위기를 더해간다(It is particularly known for its plaintive refrain, in which the singer sings "lie la lie," accompanied by a heavily reverbed drum).

265

Song 48

Lyin' Eyes
by Eagles

나이 든 남편 몰래 바람 피우는 젊은 아내의 영어

동창 모임을 핑계로 매일 밤 외출하는 아내.
그녀는 겉으로는 친구들과의 만남을 표방하지만 실제로는 숨겨 놓은 애인과의 밀회를 즐긴다.

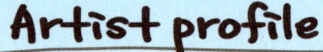

Eagles는 1971~1980년, 1994년부터 현재까지 활약하고 있다. 중간에 14년의 휴식기가 있었다. 무려 1억 5천만 장의 앨범을 팔았다. 한국 팬들도 많아서 젊은 시절 그들의 앨범을 한 장 안 가진 사람은 없을 듯하다. 1980년에 해체됐다가 1994년에 〈Hell Freezes Over〉라는 앨범을 통해 돌아왔다. 1998년에 로큰롤 명예의 전당에 헌정되었다. 세계적인 명성을 얻은 이글스이지만 출발은 린다 론슈태트의 백 밴드였다. 누구에게나 특히 크게 성공한 사람들에게는 반드시 힘들고 어려운 순간들이 있다. 멤버 모두가 연주 실력이 탁월하고 보컬도 출중하다.

Lyin' Eyes

by Eagles

City girls just seem to find out early
How to open doors with just a smile
A rich old man
And she won't have to worry
She'll dress up all in lace, and go in style

Late at night, a big old house gets lonely
I guess every form of refuge has its price
And it breaks her heart to think her love is
Only given to a man with hands as cold as ice

So she tells him she must go out for the evening
To comfort an old friend who's feelin' down
But he knows where she's goin' as she's leavin'
She is headed for the cheatin' side of town

You can't hide your lyin' eyes
And your smile is a thin disguise
I thought by now, you'd realize
There ain't no way to hide your lyin' eyes

On the other side of town a boy is waiting
With fiery eyes and dreams no one could steal
She drives on through the night anticipating
'Cause he makes her feel the way she used to feel

She rushes to his arms
They fall together
She whispers that it's only for awhile
She swears that soon she'll be comin' back forever
She pulls away and leaves him with a smile

You can't hide your lyin' eyes
And your smile is a thin disguize
I thought by now, you'd realize
There ain't no way to hide your lyin' eyes

She gets up and pours herself a strong one
And stares out at the stars up in the sky
Another night, it's gonna be a long one
She draws the shade and hangs her head to cry

She wonders how it ever got this crazy
She thinks about a boy she knew in school
Did she get tired, or did she just get lazy?
She's so far gone, she feels just like a fool

My, oh my, you sure know how to arrange things
You set it up so well, so carefully
Ain't it funny how your new life didn't change things?
You're still the same old girl you used to be

You can't hide your lyin' eyes
And your smile is a thin disguise
I thought by now, you'd realize
There ain't no way to hide your lyin' eyes
There ain't no way to hide your lyin' eyes
Honey, you can't hide your lyin' eyes

Expression check list

dress up 정장하다
feel down 좌절하다
comfort 위로하다
thin disguise 가벼운 위장
fiery 불 같은, 이글거리는
anticipating 기대에 찬

pull away 차를 출발시키다
pour oneself ~에게 …을 따라주다
stare out 쳐다보다
draw the shade 블라인드를 치다
hang one's head (부끄러움 등으로) 고개를 떨구다
arrange things 계획을 짜다

Embedded context

나이 든 남자의 비호 하에 안락한 생활을 즐기는 그녀는 부자지만 연로한 남편을 뒤로하고 외출 준비를 한다(She'll dress up all in lace, and go in style).

늦은 밤 커다란 집에는 외로움만 가득하기 때문이다(Late at night, a big old house gets lonely).

오늘도 외출 핑계는 단골 레퍼토리이다.

To comfort an old friend who's feelin' down.
동창 중에 우울증에 걸린 친구를 위로하기 위해서.

나이 많은 남자와 사는 젊은 여자는 외출하는 핑계로 주로 동창 모임을 이용한다. 그리곤 젊은 남자를 만난다. 이 노래 속에서의 주된 내용이다.

But he knows where she's goin' as she's leavin'.
하지만 남편은 그녀가 어딜 가는지 잘 알고 있어요.

그러나 이미 늙은 남편도 알고 있다. 은밀한 곳으로 아내가 향한다는 사실을.

이미 어디선가 남자는 기다리고 있다(On the other side of town a boy is waiting).

그녀는 그의 팔에 안기어 함께 즐긴다(She rushes to his arms, they fall together).

She swears that soon she'll be comin' back forever.
그녀는 반드시 노인의 곁을 떠나 언젠가는 젊은 진짜 애인 곁으로 영구 귀향하겠노라고 다짐한다.

From Dr. Kwak

흔히 영어권에서는 돈 많은 남자와 젊은 여자의 결합을 두고 November-May Love라고 표현한다.

인생의 5월은 청춘이요, 11월은 황혼이라는 재미있는 비유이다.

2015년 7월 Billy Joel이 30년 연하의 여성과 결혼식을 올렸다. *Daily Mail*의 연예란에 나온 기사 제목은 'November-May Love Comes True'였다. 할리우드에서는 흔히 있는 일이다.

Eagles의 멤버들이 L.A.의 Dan Tana's라는 bar에서 직접 목격한 광경에서 소재를 얻었다고 한다. 당시에는 나름 L.A. 지역의 미인들이 많이 드나들던 곳이었다고 한다.

Don Henley와 Glenn Frey가 식사를 하고 있는데 뒷자리에 볼품없는 노인네와 아름다운 여인이 식사를 하는 광경을 보고 서로 나눈 이야기는 "Is she really happy?"

할리우드에는 부자 노인과 젊은 아내 커플이 유독 많다. 돈 때문에 결혼했지만 건전한 사랑과는 거리가 먼 것일까? "Lyin' Eyes"는 위장을 하고 옛 친구나 젊은 연인을 찾아 밤에 은밀한 외출을 하는 것에 빗댄 노래이다.

1975년에 처음 선보였을 때는 상당히 긴 곡이었으나 나중에 뒷부분을 들어내서 길이를 4분여에 맞췄다. 라디오방송 DJ들은 4분이 넘는 곡은 잘 틀지 않았기 때문이다(Radio stations didn't play songs longer than 4 minutes).

Song 49

Girls Just Want To Have Fun
by Cyndi Lauper

**억압을 싫어하는 소녀가
부모와 남친에게 외치는 억압 탈출 영어**

Robert Hazard의 원곡을 Cyndi Lauper가 리메이크했다.
자유분방한 소녀가 엄마, 아빠, 남자 친구를 향해 일갈을 가하고 있다.
한마디로 '여자애들도 남자 못지않게 재미있게 놀 권리가 있다'라는 것이다.

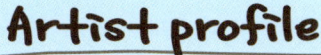

1953년생. 그녀는 30년 이상의 경력을 가진 가수이자 작곡가이며 배우이다. 마돈나보다 데뷔가 빨랐지만 인기 면에서 뒤처지자 초조한 나머지 선정성으로 경쟁을 하기도 했지만 곧 자신의 음악 스타일을 찾았다. 특히 1989년 이후에는 여러 가지 음악 프로젝트에 참여해서 다양한 시도를 하기도 했다. 2013년에는 뮤지컬 〈Kinky Boots〉로 Tony상을 받기도 한다. 특히 2014년에는 브로드웨이 음악으로 댄스 차트에 오르는 기염을 토했다. 최근에는 뮤지컬에 힘을 쏟고 있는데 Grammy상, Emmy상 등 다양한 수상 경력을 갖고 있다. 5,000만 장의 앨범과 2,000만 장의 싱글 판매 기록을 갖고 있다.

Girls Just Want To Have Fun

by Cyndi Lauper

I come home in the morning light
My mother says, "When you gonna live your life right?"
"Oh, mama dear, we're not the fortunate ones
And girls, they want to have fun."
Oh, girls just want to have fun

The phone rings in the middle of the night
My father yells, "What you gonna do with your life?"
"Oh, daddy dear, you know you're still number one
But girls, they want to have fun."
Oh, girls just want to have

That's all they really want
Some fun
When the working day is done
Oh, girls, they want to have fun
Oh, girls just want to have fun

Some boys take a beautiful girl
And hide her away from the rest of the world
I want to be the one to walk in the sun
Oh, girls, they want to have fun
Oh, girls just want to have

That's all they really want
Some fun
When the working day is done
Oh, girls, they want to have fun
Oh, girls just want to have fun

They just wanna, they just wanna

They just wanna, they just wanna have fun
Girls, girls just wanna have fun

They just wanna, they just wanna have fun
Girls, girls just wanna have fun

Expression check list

in the morning light 동틀 녘에, 새벽에

live your life right 올바르게 살다

fortunate one 행운아, 명문가 출신

yell 소리 지르다

working day is done 하루 일과가 끝나다

hide someone away from ~을 …로부터 숨겨두다, 감춰놓다

working day 근무일, 영업일 (=a day on which you work at a job)

in the sun 햇볕 아래에, 햇빛이 드는 곳에

Embedded context

When you gonna live your life right?
도대체 언제쯤 정신 차릴래?

밤새 친구들과 놀다가 집에 들어오자, 어머니가 야단친다. 그러자, 딸의 반격이 가관이다.
"엄마, 우리가 뭐 그리 뼈대 있는 집안인가요(Oh, mama dear, we're not the fortunate ones)?"

대단한 집안도 아닌데 규율, 가정교육 등등 거론하지 말란 뜻이다.

What you gonna do with your life?
앞으로 뭐가 되려고 그래?

2절에서는 아빠와의 혈투. 한밤중에 전화벨이 울리고 외출하려고 하자 아빠는 소리 지른다. 일단, 아빠에 대한 존경심을 표시한다.
"아빠, 여전히 훌륭하신데요(Oh, daddy dear, you know you're still number one)."

그리곤 즐기겠다고 한다(But girls, they want to have fun).

Some boys take a beautiful girl and hide her away from the rest of the world.
어떤 남자들은 예쁜 여자를 취하면 세상의 다른 사람들로부터 숨겨놓으려 하죠.

3절은 남친에게 보내는 경고장. 남자들의 특성(좋아하는 여자를 세상으로부터 숨겨놓으려는)에 대해 불만을 토로한다. 하지만, 소녀는 외친다.

I want to be the one to walk in the sun.
나는 햇볕 아래에서 걷고 싶어요.

은유의 뜻이다. 어둡고 침침한 세계(부모와 남자 친구의 억압)에서 벗어나 자유로운 영혼으로 떠돌고 싶다고 한다.

From Dr. Kwak

　Cyndi Lauper의 불후의 히트 곡이며, 여성 해방의 교본(a feminist anthem)격의 노래가 되었다. 그래서일까? 주로 고교 졸업 파티에서 여학생들이 밴드에 맞춰서 흥겹게 합창하는 모습을 자주 본다. 심지어 신디 로퍼는 나이가 들어서도 이 곡에서 얻은 이미지 덕에 고교 페스티벌에 단골손님으로 초대받았다.

　이 곡은 원래 1979년에 Robert Hazard가 썼는데 원래는 남성적인 시각에서 출발했다(He wrote it from a male point of view). 그런데 1983년에 신디 로퍼가 슬쩍 여성 입장에서 개사를 한 것이다(She changed the lyrics slightly to allow it to be performed by a female).

　이 노래는 단순히 '자유분방한 소녀의 외침'에서 벗어나 여성의 사회적 역할에 대해서 관심을 갖게 했으며, 당대의 여성운동의 고전이 되었다(It is a synthesizer-backed anthem about the roles of women in society and is considered by many to be a feminist classic of the era). 이 곡은 출시하자마자 대히트를 해서 단숨에 빌보드 차트 2위를 차지했다(The single was her breakthrough hit, reaching No. 2 on the *Billboard* Hot 100).

Song 50

I Know Him So Well
by Whitney & Cissy Houston

실연 당한 딸에게 들려주는
엄마의 충고와 위로의 영어

엄마는 딸에게 자신의 경험에 비추어 남자의 특성에 대해 알려 주고 있다. 남자란 여성을 만나면 안정(모성애), 환상(성적 호기심), 자유(바람피우기)의 순서로 행동을 옮겨 간다고 노래한다.

Artist profile

오리지널 버전은 Barbara Dickson과 Elaine Paige이다. 뮤지컬 〈Chess〉의 삽입곡이었다. 하지만 Whitney의 버전이 크게 히트했다. 원곡은 미국과 러시아 체스 챔피언과 그들 사이의 한 여인이 겪는 사랑의 아픔이다. Whitney가 어머니인 Cissy Houston과 노래하면서 자연스럽게 어머니가 딸에게 들려주는 사랑의 상처에 대한 조언의 노래가 되었다.

I Know Him So Well

by Whitney & Cissy Houston

Nothing is so good it lasts eternally
Perfect situations must go wrong
But this has never yet prevented me
From wanting far too much, for far too long

Looking back, I could have done it differently
Won a few more moments, who can tell?
But it took time to understand the man
Now at least I know, I know him well

Wasn't it good? (Wasn't it good?) Wasn't he fine? (Wasn't he fine?)
Isn't it madness, he can't be mine?
But in the end, he needs
A little bit more than me for security (He needs his fantasies and freedom)
I know him so well

No one in your life is with you constantly
No one is completely on your side
And though I moved my world to be with him
Still the gap between us is too wide

Looking back, I could have played it differently
Learned about the man before I fell
But I was ever so much younger then
Now at least I know, I know him well

Wasn't it good? (Oh so good) Wasn't he fine? (Oh so fine)
Isn't it madness, he can't be mine?
Didn't I know, how it would go
If I knew from the start?
Why am I falling apart?

Wasn't he fine? (Wasn't he fine?)
Isn't it madness, he can't be mine?
But in the end, he needs
A little bit more than me for security (He needs his fantasies and freedom)
I know him so well

It took some time to understand him
Ooh, I know him so well

Expression check list

go wrong 나빠지다

who can tell? 누가 알까요?

madness 광기

security 안정

fantasy 환상

fall apart (사람이) 망가지다, 엉망이 되다.

Embedded context

Wasn't it good? Wasn't he fine?
너무 좋았지? 너무 멋졌지?

우선 시작은 딸의 한탄으로 출발한다. 한마디로 한 남자에게 너무 많은 것을 쏟아부은 것을 후회하고 있다. 그러자, 엄마가 염장(鹽醬)을 지른 것이다.

More than me for security. He needs his fantasies and freedom.
결국 남자들은 처음엔 안정을 원하고 다음엔 환상 그리고 자유를 찾아 떠나요.

오랜 경험에서 우러나온 엄마의 충고가 시작된다. "남자들이란 자고로 여자를 만나면 안정(모성애), 환상(性적 호기심), 자유(不倫)의 순서로 행동하는 습성이 있다"라고.

그리곤 자신의 경험담을 들려 준다. 여기선 딸의 아버지이자 자신의 남편이 등장한다.

그리고 결국 남녀 사이에는 설사 부부라고 해도 언제나 넘을 수 없는 벽이 있다고 한다(**Still the gap between us is too wide**).

Looking back, I could have played it differently.
돌이켜 보면 후회가 되는 것이 한두 가지가 아니다. 나도 좀 더 정교하게 행동해야 했었다.

Isn't it madness, he can't be mine?
그가 내 사랑이 아닌 걸 확인하는 순간 너무나 처참하다. 정신이 혼미해지고 곧장 미쳐버릴 것 같은 심정이 든다.

이 노래는 뮤지컬 〈Chess〉의 삽입곡이다. Tim Rice가 ABBA의 남성 멤버인 Benny와 Björn과 함께 작곡했다. 이 곡은 두 여인(어머니와 딸)이 공유하는 남성관을 노래하고 있다. 어머니가 딸에게 교훈을 주는 방식을 택하고 있다. 원곡을 부른 Elaine Paige와 Barbara Dickson은 특히 영국에서 가장 사랑받는 듀오이다. 1984년에 나온 뮤지컬 〈Chess〉는 미국과 소련의 체스 챔피언이 자웅을 겨루는 이야기로 되어 있는데, 궁극적으로 한 여인과 사랑에 빠진다는 내용이다.

1988년 Whitney 모녀의 버전이 소개되자 단숨에 오리지널을 뛰어 넘는 환호를 받았다. 당시의 Whitney Houston의 인기가 하늘을 찌를 때였기 때문이었다. 〈Chess〉의 내용과는 별도로 모녀가 구슬프게 노래함으로써 노랫말은 자연스럽게 엄마가 딸에게 가르쳐주는 남자의 속성에 대한 조언이 되었다. 이 노래는 남자들이 사랑을 하면 안정(security), 환상(fantasy), 자유(freedom)의 순서로 변해간다고 하는데 실제 모든 남성들이 얼마만큼 공감할지 궁금하다.

이 노래에 대한 *St. Petersburg Times*의 평가를 보자.
"Whitney의 모친 Cissy Houston이 가세하면서 크게 빛을 발한다. 원곡이 삼각관계를 뜻한다면 모녀가 그 중간을 함으로써 한순간에 아름다운 가사로 재해석되어 멋진 발라드가 되었다 (Mom adds a brief, welcome moment of grainy soulfulness to the song)."

이 글을 쓰고 있는 요즘 휘트니의 외동딸은 사경을 헤매고 있다. 엄마의 돌연한 죽음과 어린 나이에 잘못된 선택(약물, 남자 문제)으로 인한 위험한 상황이 그녀를 궁지로 몰고 있다. 비슷한 일(약물, 남편의 폭력)로 고통을 받았던 하늘에 있는 엄마는 어떤 충고를 하고 싶을까?

Photo Story

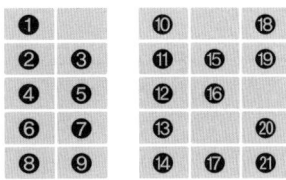

❶ Connie Talbot. YTN Seoul. 2015.
❷ Arnold Schwarzenegger. Tokyo Okura Hotel. 1994.
❸ Lobo. KBS Radio Show. 1995.
❹ Deep Purple. Press Conference. 1994.
❺ Steven Seagal. Shilla Hotel. 1996.
❻ Julio Iglesias. Seoul Concert M.C. 1996.
❼ John Denver. TV interview. Hilton Hotel. 1989.
❽ Bryan Adams. TV interview. Kimpo Airport. 1994.
❾ Brooke Shields. Seoul Olympic Show. 1988.
❿ Bruce Willis. KBS TV interview. 1994.
⓫ B.B. King. KBS TV interview. 1989.
⓬ Rita Coolidge. KBS FM. 1994.
⓭ Mamas & Papas. Sejong Art Hall. 1997.
⓮ LA Boys. MBC Radio Show. 1993.
⓯ Elite Super Model Show. 1995.
⓰ C.C.R. KBS FM guest. 1996.
⓱ Air Supply. KBS Radio guest. 1990.
⓲ Scott McKenzie. Radio Show. 1996.
⓳ Miss America Brooke Lee. 1997.
⓴ Scorpions. KBS FM Talk Show. 1997.
㉑ Stevie Wonder. Press Conference. Hilton Hotel. 1996.